AF363424

CONSIDÉRATIONS

SUR

LES DESTINÉES HUMAINES.

TOME XXI.

RUINE DE PARIS;

DÉMEMBREMENT DE LA FRANCE;

MORT OU EXPULSION DE LOUIS-PHILIPPE Ier.;

MORT OU EXPULSION DE LOUIS-PHILIPPE Ier.;

MASSACRE D'UN GRAND NOMBRE D'HOMMES ;

CONSÉQUENCES FORCÉES DE L'IMPUISSANCE OU DU PARJURE.

MOYENS DE PRÉVENIR CES DANGERS.

Par un Auteur dont les assertions, suivant preuves
irrécusables, sont confirmées par les événemens
depuis 1806 jusqu'en octobre 1830.

PARIS.

IMPRIMERIE DE PIHAN DELAFOREST (MORINVAL),
RUE DES BONS-ENFANS, N°. 34.

1830.

TABLE SOMMAIRE DES LIVRES.

a..

CONSIDÉRATIONS

SUR

LES DESTINÉES HUMAINES.

TOME XXI.

——◆——

TABLE

DES SUJETS TRAITÉS DANS CHAQUE LIVRE DE CE
XXIe. TOME.

INTRODUCTION.

LIVRE CXXVIII.

Ruine de Paris, démembrement de la France ; mort ou expulsion de Louis-Philippe Ier. ; massacre d'un grand nombre d'hommes ; conséquences forcées de l'impuissance ou du parjure ; remèdes.

LIVRE CXXIX.

Moyens d'accomplir les obligations de Sa Majesté Louis-Philippe, roi des Français. (15 août 1830.)

LIVRE CXXX.

*Conspiration ourdie pour la mort ou l'expulsion du Roi,
de sa famille et de ses plus fidèles serviteurs; pour la
ruine de Paris et le démembrement de la France. —
Moyens d'anéantir cette conspiration, tracés le 15 septembre 1830.*

b

LIVRE CXXXI.

*Suprême intérêt de la France et de l'humanité : moyens
de le faire prévaloir dans le cours de nos destinées.*

LIVRE CXXXII.

*Application des vérités éternelles au nouveau besoin de
prévenir les banqueroutes et les massacres.* (22 Octobre 1830.)

Conséquences de l'oubli des vérités éternelles; nouvelles crises qui ébranlent le monde entier; con-

DOCUMENS ET PIÈCES JUSTIFICATIVES.

TRAITÉS ET DÉCLARATIONS DE PARIS, VIENNE ET AIX-LA-CHAPELLE.

CONCLUSION DE CE XXIᵉ. TOME.

4 NOVEMBRE 1830.

FIN DE LA TABLE DES MATIÈRES.

CONSIDÉRATIONS

SUR

LES DESTINÉES HUMAINES.

TOME XXI.

CONSÉQUENCES RIGOUREUSES

DE L'IMPUISSANCE OU DU PARJURE.

———◆———

INTRODUCTION.

———◆———

AU ROI DES FRANÇAIS.

10 AOUT 1830.

Sire,

Votre Majesté est en danger imminent d'être tuée ou chassée comme impuissante ou parjure, ainsi que l'ont été, depuis quarante années, sans exception, tous les chefs de la France.

La conspiration permanente contre le repos,

la puissance, la fortune de notre patrie, tend en ce moment à embrâser des feux de la guerre civile toutes les parties du royaume, non moins que la Vendée.

Sire, mon serment d'obéissance aux lois du royaume (art. 103 du Code pénal) exige que je révèle à Votre Majesté toutes les circonstances des dangers et de la conspiration que je signale ; mon serment de fidélité demande que j'offre les moyens de salut et de triomphe qui sont en mon pouvoir.

Les sermens de mon Roi, de son fils, des grands fonctionnaires, les obligent de m'entendre et de me faire justice, après un examen approfondi, comme y étaient obligés Napoléon, Louis XVIII, Charles X, le Dauphin, les ministres arrêtés, tour à tour punis de leurs dénis d'audience et de justice à mon égard.

Sire, l'état matériel et surtout moral de Paris, de la France, des Pays-Bas, de l'Allemagne, de l'Italie, de l'Espagne, du Portugal, de l'Orient, de l'Amérique méridionale, de l'Afrique, de l'Asie et de l'Angleterre même, atteste les conséquences de la violation des traités et déclarations solennelles ; Votre Majesté est obligée de remettre ces traités et déclarations en vigueur.

Ce même état, Sire, atteste les progrès de l'anarchie universelle ; et chez les souverains et les ministres, le défaut de la force ou de la volonté nécessaire pour triompher de cette anarchie, et par conséquent l'impuissance ou le parjure dont les peuples désespérés s'apprêtent à tirer vengeance.

Sire, il suffit de comparer la lettre et l'esprit des traités et déclarations de Paris, Vienne et Aix-la-Chapelle, avec l'état matériel et moral de l'univers, avec la situation de Votre Majesté, pour acquérir les preuves indubitables de l'impuissance ou du parjure des grands états. Les conséquences rigoureuses des progrès de l'anarchie des peuples, de l'impuissance ou du parjure des chefs, sont les refus d'impôts et de soldats, les républiques, les banqueroutes et les lois agraires.

Sire, je ne cesserai d'en offrir les preuves : la royauté frappée au cœur dans la personne de Charles X, du Dauphin, est loin d'être guérie de sa blessure dans la personne de Votre Majesté, dans celle de votre fils le duc d'Orléans. Mon serment de fidélité nouveau m'oblige à répéter que d'immenses améliorations, d'immenses consolations deviennent plus nécessaires que jamais, si l'on veut enfin de bonne foi et en toute vérité prévenir et réprimer pour toujours les immenses progrès de l'anarchie.

L'on se trompe ou l'on trompe Votre Majesté, Sire, lorsqu'on lui assure qu'elle peut compter sur l'entier dévoûment des peuples. Sire, vous n'avez encore été que l'instrument, le garant, le chef de leur conspiration subversive; Votre Majesté ne peut régner véritablement que par une conspiration salutaire, et qu'autant que vos obligations pour le repos et le bonheur seront accomplies. C'est ici qu'il conviendrait de répéter les maximes de la sagesse éternelle, que Charles X et le Dauphin sont punis d'avoir dédaignées : « Apprenez, instruisez-vous, juges de la terre, » dit l'une de ces importantes maximes, que Bossuet avait empruntée aux anciens, pour en faire le texte de l'une de ses plus belles oraisons funèbres, où il traçait les causes du triste destin des princes auxquels vous et votre fils êtes appelés à succéder.

Votre Majesté, Sire, ne peut faire exception au destin commun et général de nos chefs, qu'en suivant une marche générale, qui fasse exception générale à toutes celles qui ont produit le fatal destin de ces chefs : c'est le grand œuvre nécessaire pour triompher de toutes les anarchies, de toutes les conspirations, de tous les dangers; c'est l'œuvre pour lequel il faut un concours immense de toutes les facultés, pour lequel j'offre à Votre Majesté, à son fils, à ses ministres, le tribut des miennes et de trente-quatre ans de travaux assidus.

Je ne demande, Sire, en votre faveur et en la mienne, qu'une prompte audience, et une exception aux conséquences rigoureuses des habituels dénis de justice.

Enfin, Sire, je supplie Votre Majesté d'accepter la dédicace de mon ouvrage, qui sera l'une des preuves les plus convaincantes de votre amour pour la vérité.

Sire, un chef suprême bien informé de toutes les circonstances relatives à la fidélité des sermens, exerce une dictature salutaire et bienfaisante sur toutes les facultés, par le seul effet de sa prévoyance, de ses jugemens, de ses déclarations.

Il ne fatigue point ses concitoyens par des peines, des sacrifices inutiles; il ne les expose jamais à des périls sans gloire. Il réprime, dès le principe, toute influence ennemie; il réalise les améliorations possibles.

Sire, l'élévation de Votre Majesté exigeait, pour un règne véritable, la formation d'un Conseil spécial, dont cinq membres au moins auraient, en permanence, à toute heure du jour et de la nuit, recueilli toutes les informations nécessaires au maintien de toutes les fidélités, répondu à toutes les demandes, satisfait, autant que possible, à tous les besoins urgens.

Faute d'un règne véritable, la voix des dépositaires de l'autorité de Votre Majesté sera méconnue; l'anarchie règnera où vous devez régner; Paris sera toujours exposé à la guerre civile; la France, à être démembrée; un grand nombre d'hommes, à être massacrés. Telles seront les rigoureuses conséquences de l'impuissance et du parjure.

Comme une Charte, un règne doit être une vérité; satisfaire le peuple équitable est une nécessité urgente, si l'on veut prévenir l'effusion du sang, l'attaque de votre palais, l'expulsion de votre famille.

CONSIDÉRATIONS

SUR

LES DESTINÉES HUMAINES.

TOME XXI.

LIVRE CXXVIII.

RUINE DE PARIS, MORT OU EXPULSION DE PHILIPPE Ier ;
MASSACRE D'UN GRAND NOMBRE D'HOMMES.

CONSÉQUENCES FORCÉES
DE L'IMPUISSANCE OU DU PARJURE.

10 AOUT 1830.

S$_{IRE}$,

Votre Majesté a dit que désormais une Charte
devait être une vérité. Paris, la France et l'univers, ont recueilli cette parole mémorable : ils en
attendent les effets salutaires.

Paris et Charles X ont subi et subissent les
conséquences rigoureuses de l'impuissance et du

parjure. La capitale dont vous êtes maître, la royauté dont vous êtes dépositaire, Sire, ne seront affranchies pour l'avenir de ces rigoureuses conséquences, que lorsqu'on aura bien jugé les grandes causes de l'anarchie qui ne cesse de nous menacer, et lorsqu'on aura pris tous les moyens convenables pour triompher enfin de cette redoutable anarchie comme Votre Majesté en a contracté l'obligation.

L'étranger, toujours jaloux des moyens de force et de prospérité qui nous restent sur terre et sur mer, dans l'ancien et le nouveau monde, doit chercher à profiter des chances favorables qu'offrirait à ses passions une crise dont il serait impossible à Votre Majesté de régler et maîtriser constamment toutes les suites. Dès-lors cet étranger doit contribuer de tous ses moyens à faire que Votre Majesté, réduite par des troubles intérieurs prolongés, à cette impossibilité, subisse, comme Charles X les a subies, toutes les conséquences de l'impuissance et du parjure.

Paris, instrument ou victime des catastrophes, des dix formes de gouvernemens que la France a fait ou laissé tomber depuis quarante ans, Paris vient de se rendre l'organe de la souveraineté des peuples, de manière à ébranler les principes de toutes les antiques légitimités héréditaires.

Il est fort difficile, sans doute, mais il n'est

point impossible de concilier les intérêts du peuple souverain de Paris, ceux de Votre Majesté qu'il a proclamée son chef suprême, avec les intérêts des puissances étrangères qui peuvent être encore jalouses ou effrayées.

Pour opérer cette grande conciliation, un immense concours d'études, de lumières, de soins, de zèle, d'efforts et de travaux, est nécessaire : j'apporte mon tribut dans cet immense concours. Puisse-t-il être plus librement et plus efficacement accueilli par Votre Majesté, qu'il ne l'a été par Charles X et le Dauphin son fils, par Louis XVIII et Napoléon ! Si le tribut de mes travaux est encore négligé, fasse du moins le ciel que Votre Majesté, sa Famille, ses conseils, ses contemporains, ne subissent plus les rigoureuses conséquences de l'impuissance et du parjure ! Fasse le ciel que Votre Majesté, sa Famille, ses conseils, sa capitale, soient encore plus heureux par d'autres moyens que par ceux qui constituent le tribut de ma fidélité !

Il existe dans l'intérieur de Paris et de la France, comme dans l'univers entier, des causes nombreuses d'anarchie, qui, tant qu'elles subsisteront, doivent produire leurs effets irrésistibles. Du fait immense de cette anarchie, qui depuis quarante ans a renversé ou fait abandonner nos diverses formes de gouvernemens, il résulte, Sire, un

autre fait immense , c'est que l'appui , l'attache-
ment du peuple de Paris , seraient , en faveur de
Philippe Ier, une exception au cours habituel des
passions humaines , et par conséquent une espèce
de prodige. C'est ce prodige que j'entreprends
d'accomplir, en invoquant au nom de tout ce qui
nous est cher , le concours des facultés nécessaires.
Je suis à même de prouver que ma fidélité , mon
zèle respectueux eussent donné lieu d'accomplir
ce prodige aux temps de Charles **X** , de Louis
XVIII , ou même de Napoléon , dans le cas où
ces personnages tout-puissans auraient été libres
de m'entendre , de me comprendre et de me per-
mettre d'agir. Je n'invoquais pour cela que les
conséquences véritables des actes les plus solennels.

Sire , je suis fondé à dire que les trois chefs
suprêmes de France qui ont éprouvé des catastrophes n'ont pas été libres et maîtres de les éviter ,
parce que la liberté , le pouvoir , sont aussi bien
et mieux enlevés de nos jours par la ruse que par
la violence. Ainsi , j'ose dire qu'il est naturel que
la ruse tende à s'emparer , contre Votre Majesté,
de l'action de la souveraineté d'un peuple qu'elle
tâche de réduire au désespoir. Par suite d'une
telle manœuvre non prévenue dès le principe,
Votre Majesté sera contrariée par le peuple même
de sa résidence , qui devrait être le modèle de
l'harmonie.

Paris a fait preuve d'un grand génie et d'un grand courage en faveur de Votre Majesté; il lui reste à faire preuve d'une grande constance. J'ai l'intime conviction que l'immense majorité des peuples de Paris et de la France sont dans la ferme volonté de donner des preuves de constance au chef suprême qu'ils adoptent; mais j'ai une conviction non moins intime que l'anarchie et la ruse mettront encore une fois en défaut cette ferme volonté, si elle n'est soutenue par des moyens analogues aux grandes et nouvelles circonstances qui tendent à changer la face du monde. Ce serait un prodige que Votre Majesté, depuis son élévation, n'eût pas été victime de la ruse qui domine les cours et les palais, malgré la volonté des princes même les plus loyaux.

Un fait m'autorise à tenir ce langage : en 1824, par la médiation de M. le baron Athalin, j'ai adressé à Votre Majesté, comme à Charles X, à Louis XVIII, un livre intitulé : *Moyens de consolider les institutions et de remédier à leur imperfection.* Après la mort de Louis XVIII, j'ai adressé à Charles X, à son fils le Dauphin, et à vous, Sire, la suite du premier tome précité. Ce second travail avait pour titre : *Sort des Bourbons, parti proportionné aux vœux de Charles X.* Que Votre Majesté daigne se faire représenter cet ouvrage, elle acquerra une triste certitude des causes qui la menacent d'une mort ou d'une expulsion soudaine comme en étaient menacés Charles **X**, le Dauphin et le duc de Bordeaux.

Ces trois princes, vos parens, Sire, qui vous précédaient dans l'ordre de succession au trône que Votre Majesté occupe, ces trois princes n'ont dû leur vie qu'à la générosité, à la prudence ou au mépris d'un peuple vainqueur dans leur propre résidence. Sire, le même sang des Bourbons coule dans les veines de la personne et de la famille de Votre Majesté qui est destinée à régner dans cette périlleuse résidence. Le même sort est réservé à Votre Majesté, à votre famille, si un parti proportionné à la grandeur des circonstances n'est adopté, comme le voulait Bossuet, dont j'ai emprunté les termes.

Sire, jamais écrit plus grave et plus sévèrement justifié ne fut soumis à une famille régnante; quelques minutes suffiront à Votre Majesté pour s'en convaincre. L'on a refusé bienveillance à des princes qui croyaient pouvoir la refuser impunément au gré de leurs entours.

De ce fait irrécusable, digne de l'attention de Votre Majesté et de sa famille, je passe à un dernier fait qui ne l'est pas moins. En mai de la présente année 1830, j'ai publié et légalement déposé *l'analyse de tout mon travail*, qui avait dès-lors vingt tomes complets, et de la gravité de celui que Votre Majesté a reçu en 1824. Cette analyse que je joins ici a pour titre : *La royauté frappée au cœur.* Vous êtes Roi, Sire, et successeur de trois Rois détrônés en trois jours ; il s'agit de guérir en votre personne la blessure faite à la royauté en général. Pour guérir cette profonde blessure il est indispensable de la sonder ; c'est ce que j'ai fait et ce que je fais encore en ce jour.

Plaise au ciel et au bon génie de la France que Votre Majesté soit plus attentive, ou mieux servie, ou moins irritable que Charles X et son fils le Dauphin ! Plaise au ciel, qu'amie déclarée de la vérité, de la bonne foi et du progrès des lumières, Votre Majesté obtienne au degré nécessaire, dans Paris et l'univers, la puissance du crédit que Louis XVI, Napoléon, Louis XVIII, Charles X et son fils le Dauphin, n'ont qu'imparfaitement obtenue ! La puissance du crédit est toujours l'âme des états ; toute royauté dénuée de cette puissance n'est qu'un cadavre sans vie politique : tout l'a prouvé.

La force de l'opinion populaire, manifestée dans les écrits et à la bourse, était comme une mine chargée et toujours prête à faire explosion contre les supériorités monarchiques, aristocratiques et sacerdotales décréditées. Les événemens de 1827 avaient clairement démontré aux hommes studieux et clairvoyans combien cette force d'opinion populaire, ce discrédit, étaient redoutables. Au lieu de pénétrer dans les détours cachés de cette mine, l'on a fait jaillir fréquemment des étincelles sur ses mèches fumantes qu'il était urgent d'éteindre en satisfaisant le peuple par les vérités salutaires mises en lumière et en action. Les ordonnances du 25 juillet, en repoussant le concours populaire, qu'il fallait au contraire rallier au trône comme j'en indiquais le moyen, ont produit l'explosion qu'aurait infailliblement produite quelques semaines plus tard le refus d'impôt, et que pouvaient produire quelques semaines plus tôt le licenciement de la garde nationale, les meurtres du quartier Saint-Denis, l'impunité du comte de Villèle; enfin l'on a été dans une complète erreur chez le Roi sur les conséquences de la nomination du prince de Polignac.

La famille des Bourbons est mulctée comme le célèbre Canning déclarait travailler à ce qu'elle le fût. Si les petits-fils de Henri-le-Grand, qui règnent en Espagne, n'attaquent pas leur parent qui règne, aujourd'hui 15 août, dans notre France, ce n'est pas l'amitié qui les en empêche. Les Bourbons de Naples sont forcés d'obéir à l'Autriche, et rien de plus équivoque que la bienveillance de ce dernier cabinet. Il est donc certain que la malveillance, la discorde, l'anarchie n'ont point cessé d'avoir les grandes causes d'excitations populaires , ainsi que j'ai annoncé en 1823 , 1824 et mai 1830, qu'elles ne cesseraient point de les avoir tant qu'il n'y serait point mis ordre par des institutions et un parti nécessaires.

D'immenses spéculations à la baisse ; d'immenses complots tendant à paralyser la circulation de l'argent, à augmenter les maux de l'usure et la détresse des ouvriers et des contribuables , doivent nécessairement aggraver les circonstances déjà si périlleuses. La sécurité , la prospérité seraient donc une exception dénuée de vraisemblance dans le cours actuel des affaires humaines, si l'on négligeait les moyens qui doivent offrir à V. M. la possibilité de maîtriser le cours de ses destinées et des nôtres , mieux que ne l'ont fait les chefs suprêmes qui l'ont précédée. Les mêmes causes de ruine produiront généralement les mêmes effets désastreux.

L'organisation des gardes nationales de France à l'instar de celles de Paris est un grand sujet de dépense et de distraction , mais, en retour, c'est un grand moyen de consistance pour le trône , que Charles X , ou plutôt le comte de Villèle avait ébranlé par les circonstances de licenciement , au lieu de le perfectionner et le soutenir par le crédit national. C'est ce que j'ai prouvé dans la partie de mon travail, imprimée à ce sujet en mai 1827.

Louis XVI et votre père ont éprouvé que sans une telle perfection, la partie du peuple constituée en garde nationale est comme une arme à deux tranchans, quand elle est dénuée de l'âme, du crédit, qui doivent présider à ses développemens. Toutes espèces de ruses seront mises en jeu pour enlever la haute et précise direction de cette arme à Votre Majesté, ou du moins pour la neutraliser par les égaremens populaires, de façon qu'elle soit nulle encore une fois contre l'étranger. La force des idées religieuses, congréganistes, et celle des idées républicaines, seront tour à tour employées. La ruse anarchique fera concourir ces idées, en apparence si opposées, au même but : celui de priver Votre Majesté de l'appui salutaire des gardes nationales de Paris et des départemens, et même de tourner contre Votre Majesté une partie du peuple en armes.

Les gardes nationales qui furent pendant quelque temps dénuées de règles certaines, en juillet dernier, sont loin d'en avoir d'invariables en août. Les pairs, les députés, les électeurs, les administrateurs, n'offrent pas tous les exemples de concours et d'unanimité désirables. C'est le concours et l'unanimité désirables que mon travail tendait à produire en faveur de la France, dans tous mes écrits, et notamment dans ceux qui ont pour titre : *Puissance du crédit et des améliorations, ses rapports avec la guerre et la paix... Moyens de réaliser les vœux du Roi, les espérances des Français et l'attente du monde... Moyens de rendre les Bourbons à la vie et à la puissance...* Association d'utilité générale, qui, décuplant la force de l'amortissement, en décuplerait les effets, remédierait aux maux de l'usure, augmenterait de douze cents millions de revenu les produits de la France, et donnerait au Roi une réserve de cent vingt millions. Il est évident que ceux qui ont empêché Charles X et le Dauphin d'adopter des moyens analogues à ceux que je proposais, ont agi comme s'ils avaient voulu que ces princes fussent tués ou chassés, et l'humanité encore une fois ensanglantée, outragée.

Par l'ensemble des moyens que je soumettais au Roi, au Dauphin et aux ministres, en mai 1830, le gouvernement devenait le protecteur et le modérateur suprême du crédit; alors la partie industrielle des citoyens eût été fortement attachée à l'état, qui lui offrait aide et protection; au lieu de se révolter contre ce même état qui la déshéritait de ses droits électoraux, elle eût em-

ployé tous ses droits, toutes ses facultés à le servir, à le faire triompher. Ayant acquis la certitude que les plans de salut public offerts ou dé-
veloppés par MM. Cottu, Madrolle, de Bonald,
et par les auteurs de la *Gazette*, de *la Quotidienne*, du *Drapeau blanc*, de l'*Universel*,
étaient préférés aux miens, j'ai quitté la capitale
pour revenir à mes travaux agricoles, en annonçant positivement que Charles **X** serait tué
ou chassé, comme je le prouve dans le livre remis
au comte de Chabrol, alors ministre des finances;
livre qui est encore au cabinet particulier de ce
ministre, ou dans les mains de M. Fougeroux,
alors secrétaire intime et principal agent du ministère. Ce livre montre encore quelles affreuses
plaies doivent être faites à l'humanité, par suite
d'erreurs invétérées sur l'exercice de la puissance
dans les temps actuels.

Je ne trompais aucunement Charles **X**, en lui
annonçant qu'il était en danger d'être tué ou
chassé. On n'aurait point trompé un grand
nombre de rois et de princes en leur adressant
une semblable annonce, et en leur soumettant
les moyens de la prévenir. Je crois être fidèle à
Philippe Ier., à son fils, à la France et à notre
capitale, à l'humanité, par une semblable révélation. Fort des événemens qui ont confirmé les
révélations auxquelles m'obligeait l'article 103 du

Code pénal, je déclare qu'il m'est prouvé que Philippe Ier., roi des Français, le duc d'Orléans son fils, et ses principaux alliés et serviteurs, sont en danger d'être tués ou chassés ; que Paris est en danger imminent d'être détruit et un grand nombre d'hommes en danger d'être massacrés. Je déclare de plus que l'on ne prend encore que des moyens insuffisans pour conjurer ce danger ; enfin, j'engage tout mon bien et tout mon être dans l'accomplissement de l'obligation que je contracte de fournir ces moyens de salut général, qui seront d'ailleurs tous conformes aux paroles et aux actes solennels des autorités qui régissent ma patrie en août 1830. Je ne demande encore qu'à être entendu et jugé sur mon travail, dont les vingt tomes sont résumés en un précis de quarante pages ayant pour titre spécial : *la Royauté frappée au cœur, concours nécessaire ;* et pour titre général : *Considérations sur les destinées humaines.* A mon égard, Charles X subit les conséquences d'un déni d'audience et de justice : le Dauphin, le baron de Damas, gouverneur du duc de Bordeaux, les subissent de même.

Sire, vous êtes juge suprême, vous êtes Roi, vous êtes homme ; je suis de Votre Majesté le justiciable respectueux, le sujet fidèle, le serviteur des plus zélés et des plus humbles ; à tous égards, je trahirais votre capitale, Votre Majesté, ses plus fidèles serviteurs et l'humanité, si je ne déposais ici le sentiment de mon intime conviction sur les dangers communs, et sur la nullité des moyens que l'on a pris jusqu'à ce jour pour triompher de ces mêmes dangers. Ces moyens ne cesseront jamais de se trouver dans le véritable concours de toutes les facultés au bien général.

Il ne suffit point que la garde nationale de Paris soit belle et nombreuse, plus encore que ne l'était la garde royale de Saint-Cloud, en juillet 1830, celle de Versailles, en octobre 1789, il faut encore que toute garde soit animée de l'esprit d'ordre, de conservation, d'harmonie, d'amélioration. Cet esprit de conservation et d'harmonie ne peut naître que de la satisfaction des besoins de toutes les familles privées et de la grande famille des humains, puis de l'intime conviction que le chef a toutes les facultés nécessaires pour une telle satisfaction. Votre Majesté n'a point ces facultés, et rien n'est disposé pour qu'elle les ait avec la rapidité proportionnée à l'urgence des besoins, à l'impétuosité des esprits et des événemens; tout, au contraire, est disposé pour que le peuple de votre capitale, réduit au désespoir avant deux ans, la mutile, cette capitale, et se mutile lui-même de ses propres mains. Quand ce peuple ne se respectera plus, ce serait une fatale illusion que de croire qu'il respectera Votre Majesté, qu'il obtiendra le respect des étrangers.

Charles X, à son avènement, fut salué d'autant d'acclamations, à Paris, que Votre Majesté peut l'avoir été. Moins de deux ans après les acclamations dont fut salué votre père, il fut victime du peuple. L'on n'oubliera jamais quel fut son destin, celui de ses bourreaux ou juges, celui de la garde nationale, même celui de Paris, de l'humanité.

Paris, en trois jours, a disposé de deux couronnes. Paris a changé une dynastie, une forme de gouvernement que l'Europe victorieuse avait restaurée, rétablie, confirmée, flattée. Mais Paris avait fait le 6 octobre 89, le 10 août 92. Les événemens de juillet même, et ceux qui les suivent jusqu'au 1er. octobre, prouvent que Paris a employé plus de génie et de courage à détruire ses gouvernemens qu'à les conserver. L'Europe ne peut manquer d'être épouvantée, ou du moins, irritée de la prodigieuse facilité avec laquelle son œuvre de prédilection est détruite. L'Europe serait encouragée dans ses vengeances naturelles par notre défaut d'harmonie; et, d'actions en réactions sanglantes, toutes les horreurs passées doivent se renouveler tant que leurs causes subsisteront pour notre malheur.

C'est un vif et naturel désir de conserver Paris, l'un des chefs-d'œuvre de la civilisation moderne, qui me porte à retracer ses dangers à Louis-Philippe et à ses fidèles serviteurs, comme je les retraçais à Charles X, au Dauphin et à leurs amis. Paris, le 26 juillet, pouvait être détruit, si le chef de l'armée royale, prévoyant le funeste résultat de la guerre des rues, s'était posté avec les troupes dans une situation inexpugnable pour le peuple, et de laquelle l'artillerie eût foudroyé, incendié cette capitale. Le ciel se lassera de faire des miracles pour le salut des grandes capitales qui négligeront les moyens d'harmonie indispensables pour leur conservation.

C'est un puissant moyen d'harmonie que de voir le danger de loin en face et en brave, avec une ferme volonté de tout unir pour le triomphe : l'on dirait que trois avocats de Paris, MM. Berryer, Dupin et Mauguin, plaident les causes de trois villes ennemies dans la Chambre des députés. C'est qu'en effet dans Paris il y a trois intérêts fort divergens : l'un veut rétrograder ; l'autre, rester stationnaire ; le troisième, aller en avant avec les sociétés populaires. Les événemens de juillet ont confirmé, ainsi que je l'annonçais en 1824, la sentence de l'Écriture : Tout royaume divisé périra. Paris, centre de votre royaume, étant, avec la plus grande évidence, toujours divisé, Paris doit périr, si Votre Majesté n'est assez bien secondée pour mettre un terme aux mortelles divisions.

Que l'étranger triomphe de la souveraineté populaire dans Bruxelles ou dans toute autre ville, et bientôt il voudra, encouragé par un premier succès, triompher de cette redoutable souveraineté dans Paris, son foyer principal. Il est urgent de perfectionner l'organisation de toutes les facultés de la capitale, pour montrer à l'étranger qu'on ne le brave ni ne le craint, qu'on se dispose à lui servir de modèle pour l'harmonie, et non pour des révolutions universelles.

Sous peine d'encourir une ruine presque certaine, Paris fut, est et sera toujours obligé, comme je l'ai constamment imprimé depuis 1810, Paris sera obligé d'être le principe, le modèle et la garantie de l'intérêt, du bonheur et de la gloire des peuples civilisés. Paris, impuissant ou parjure dans cette obligation, ouvrira une guerre dans laquelle Votre Majesté sera en danger imminent d'être tuée ou chassée. Par suite de cette guerre, un grand nombre d'hommes seront infailliblement massacrés.

Sire, Votre Majesté est obligée de prévenir ces massacres, puisqu'elle a fait serment de gouverner dans la seule vue de l'intérêt, du bonheur et de la gloire de la France, qui s'identifient avec l'intérêt, le bonheur et la gloire de l'humanité entière, dont la France est une partie essentielle. Pour que Paris ne soit pas ruiné, pour que Votre Majesté ne soit pas tuée ou chassée, comme les chefs qui l'ont précédée, pour qu'un grand nombre d'hommes ne soient pas massacrés, Votre Majesté doit accomplir ses obligations, toutes ses obligations; ses fidèles serviteurs et tous les humains doivent l'aider dans cette immense carrière. Dans le cas où Votre Majesté, où votre fils souffriraient, comme le souffraient Charles X et le Dauphin, que les entours du pouvoir nuisissent au concours immense de facultés nécessaire à ce pouvoir, Votre Majesté et votre fils ne pourraient éviter le destin de leurs prédécesseurs. Il fallut, il faut, il faudra toujours, pour l'intérêt, le bonheur, la gloire des capitales, des maisons régnantes et des peuples, concours de vues, de lumières, de mesures conservatrices.

Paris subit une chance très funeste de ruine dans la baisse des effets publics, non seulement parce que les Parisiens sont propriétaires de la plus grande partie de nos rentes, mais encore parce que la dépréciation du titre de rente est le thermomètre de la dépréciation des valeurs foncières et mobilières de la capitale. Paris subirait une chance de ruine encore plus funeste, si Votre Majesté, ses fidèles serviteurs et fonctionnaires

négligeaient de remplacer par des moyens efficaces de circulation les cinq cents millions de
métaux que la révolution de juillet doit faire
sortir, et les cinq cents autres millions qu'elle
mettra en stagnation. La diminution matérielle
des signes monétaires doit compromettre le succès du travail, la rentrée de l'impôt, l'harmonie
des facultés. Une émission de bons royaux,
égale à la somme du numéraire rendu à l'étranger,
est non seulement nécessaire, mais il faut encore que la confiance adopte ces bons royaux ou
du Trésor public, comme des signes d'échange
préférables à l'or et à l'argent.

Si l'on n'adopte point une mesure analogue à
celle que je propose ici, l'on trouvera bientôt que
la révolution de juillet 1830 n'aura profité qu'aux
usuriers, aux accapareurs d'argent, aux spéculateurs à la baisse, en un mot, à ceux qui veulent
la ruine de Paris, celle de Votre Majesté, celle du
monde civilisé. Puisque la capitale et la France
sont privées de cinq cents millions de métaux,
exportés par les craintes qu'inspire la révolution
de juillet, nous avons le bénéfice de l'intérêt de
cette somme à quatre pour cent au moins, si nous
avons assez de confiance en nous-mêmes pour
la remplacer par une circulation équivalente de
bons du trésor public que j'ai prouvé être préférables à l'or et l'argent. Cette mesure ferait

promptement reparaître les cinq cents millions soustraits à la circulation par ceux qui spéculent sur la dépréciation croissante des valeurs; elle rendrait la confiance à tous les Parisiens que la crainte ou la haine n'ont point aveuglés. Tous les développemens du travail, de l'intelligence, marcheraient avec une harmonie progressive.

La vérité exige que j'avoue franchement que le ministère des finances, et peut-être même nos chambres législatives, ne sont pas dans les dispositions salutaires que je propose. Il doit en résulter qu'un très grand nombre de Parisiens ruinés s'embarrassent peu de voir la capitale elle-même ruinée.

De ces premières considérations je dois passer à celles qui sont relatives à l'accomplissement régulier des obligations solennelles de Louis Philippe Ier., roi des Français.

Puis je tracerai quelle est la marche de la conspiration ourdie pour faire subir à ce Roi, à ses amis, les conséquences rigoureuses de l'impuissance ou du parjure, qui sont la mort ou l'expulsion de ce même Roi, la ruine de sa capitale, le démembrement de son royaume.

Sire, dans ces graves considérations, je supplie Votre Majesté, ses amis, de ne jamais oublier quelles ont été pour Charles X, le Dauphin,

Napoléon , leurs amis , les conséquences des dénis de jugement et de justice.

Le crédit étant dans nos temps modernes l'âme
de toute puissance, le lien d'union de toutes les
facultés, j'ose le dire , nos doctrines et notre administration financières sont tout aussi vicieu-
ses qu'elles l'étaient lorsqu'elles ont fait ou laissé
tomber et leurs propres chefs et les chefs de la
France ; lorsqu'elles ont fait ou laissé envahir ,
rançonner Paris , démembrer la France , ensan-
glanter l'humanité. Les choses ne se seraient point
passées différemment dans le cas où les personnages les plus influens dans nos finances et notre
crédit auraient spéculé sur le discrédit national ,
sur la baisse de nos valeurs , sur le refus d'impôt ,
sur l'impuissance ou le parjure de nos chefs suprêmes.

Sire, j'en supplie Votre Majesté , j'en supplie
le ministre de nos finances , hâtons-nous de sortir d'une ornière dans laquelle l'on ne peut qu'a-
boutir à la mort ou à l'expulsion de Votre Majesté
et du ministre même des finances, à la ruine de
Paris, au démembrement de la France, au massacre d'un grand nombre d'hommes.

L'inexécution des obligations de Votre Majesté
et de S. Exc. le ministre des finances est aujour-
d'hui un crime de haute trahison qu'il importe

de prévenir en montrant comment les obligations de Votre Majesté peuvent être accomplies, comment les obstacles à cet accomplissement peuvent être surmontés.

En moins de trois années nous venons d'avoir cinq ministres des finances, trois Rois vivans et deux guerres civiles dans notre capitale. Jamais l'instabilité ne fut prouvée par des faits plus matériels, jamais l'écrivain qui a tracé dès le principe les causes de cette instabilité ne fut plus autorisé à certifier que ces causes étant prolongées, leurs effets ne peuvent manquer de l'être. Je suis donc autorisé à déclarer ici, par suite de mes précédentes déclarations, que nos institutions restant imparfaites, comme il est démontré qu'elles n'ont point cessé de l'être, M. le baron Louis, ministre actuel des finances, fera place à un sixième ministre avant les trois années révolues, c'est-à-dire avant la fin de 1830. Par l'effet des mêmes causes d'instabilité, votre royauté, Sire, fera place à une quatrième royauté avant la fin de 1831. Dans le même laps de temps, une nouvelle guerre civile ensanglantera, ruinera Paris, mettra notre belle France en danger d'être démembrée. Il est donc urgent, Sire, de remédier à l'imperfection de nos institutions, surtout dans le ministère des finances, dans le palais de Votre Majesté et dans cette capitale.

La liberté de la presse est un puissant moyen d'harmonie, mais l'anarchie de cette même presse est le symptôme de l'anarchie qui agite l'âme de l'État. La presse dirige les opinions, et les opinions dirigent les actions. Quand les grandes règles de l'intérêt humain sont méconnues, elles réagissent contre toute autorité qui les fait ou laisse méconnaître. Ces règles, Sire, agissent en ce jour, 15 octobre 1830, contre le baron Louis, contre Votre Majesté, contre votre capitale, où nos écrivains périodiques chaque jour préludent à la guerre civile. Dans ces graves symptômes, l'impuissance du *Moniteur* continue à décéler l'impuissance de l'administration.

La plupart des écrivains qui préludent à la guerre civile sont, comme M. le baron Louis et Votre Majesté, dans l'impuissance d'accomplir leurs obligations pour l'intérêt, le bonheur et la gloire de la France, comme ils y étaient sous Charles X et le comte de Montbel. Cependant avec l'harmonie de ces écrivains, du ministre des finances et de Votre Majesté, il est possible de rétablir une confiance qui donne tous les moyens d'accomplir les obligations universelles. Les écrivains feront tout pour le crédit national, et ce grand levier de puissance fera tout pour le baron Louis et Votre Majesté. Les écrivains font les députés parce qu'ils font l'opinion publique, opinion par laque'le Votre Majesté peut régner, et non autrement.

Il est donc urgent d'instituer un conseil supérieur d'écrivains qui, prenant pour textes invariables les actes solennels de Votre Majesté, dirigent dans le sens des mêmes actes tous les intérêts, toutes les opinions, toutes les actions. Que le *Moniteur*, par le travail des plus habiles écrivains, devienne le flambeau qui mette en harmonie toutes les facultés nécessaires à la conservation de Votre Majesté, à celle du ministre des finances, à la fortune de Paris, à l'intégrité de la France, au bien de l'humanité. Que par les travaux assidus des mêmes écrivains, les feuilles publiques les plus accréditées deviennent les auxiliaires du *Moniteur*, en conservant les nuances qui leur sont propres, et qui représentent les nuances de l'opinion générale.

Les écrivains qui peuvent élever peuvent aussi renverser toute espèce d'obstacles, ils peuvent à la bourse faire tomber le 5 p. % à 80 fr. et l'élever à 160. Une grande association d'utilité générale étant formée et décuplant la force de l'amortissement pour élever nos fonds publics au niveau de ceux de l'Angleterre, que chaque feuille périodique soit actionnaire dans cette grande association, et bientôt l'on verra tous les intérêts humains se mettre en harmonie avec l'intérêt général , conformément aux règles tracées par Votre Majesté, et qui seront constamment appliquées par le ministère des finances avec la célérité requise.

Soit pour exemple de cette action combinée, la prestation du serment de Votre Majesté pour l'intérêt, le bonheur, la gloire de la France ; aussitôt que cet acte solennel a été connu, il devait produire ses effets. L'intérêt, le bonheur, la gloire, exigeant qu'il n'y eût point de gêne, de cessation de travaux, de banqueroutes, le ministère des finances devait tout ordonner en conséquence. Union de crédit en bons royaux de Louis-Philippe devait être faite entre le trésor public et les diverses sources et branches de la prospérité publique, jusqu'à concurrence de tout le numéraire qui devait sortir de France ou être mis en stagnation par suite d'une révolution qui froissait de grands intérêts. Le conseil supérieur des écrivains aurait, chacun travaillant dans son genre, soutenu le crédit des bons royaux ; et, pour qu'ils le soutinssent mieux, chacun aurait dû avoir ses émolumens en bons royaux à un an de date. C'est ainsi que les intérêts humains seraient mis rapidement en harmonie pour l'amélioration de douze cents millions dans nos revenus et de quarante milliards dans notre capital , que j'ai démontré être possible.

Il faut pour tout stabilité, confiance et travaux assidus. *Labor omnia vincit.*

Si depuis quarante années nos administrations financières avaient entrepris de rendre leurs propres chefs de même que les chefs suprêmes de France impuissans ou parjures, les choses se seraient exactement passées comme elles se passent jusqu'à ce jour.

Je ne suis que contribuable, Sire, et cultivateur, mais je me regarderais fort malheureux d'être obligé de présider à l'administration de vos finances et de contribuer sous ce rapport à l'exécution de vos sermens, si nos institutions restaient en désaccord comme elles le sont avec d'aussi graves devoirs.

Dans le régime constitutionnel et vraiment libéral que nous avons ou devons avoir depuis 89, le chef ne peut raisonnablement disposer des hommes et des choses pour l'intérêt de l'État que moyennant une juste et préalable indemnité. Si l'argent est l'unique moyen d'indemnité, et qu'il dépende des ennemis de l'État de faire manquer l'argent, l'existence de l'État est au pouvoir de ses ennemis.

La conservation de la fortune publique exige donc que celui qui en est chargé dispose d'une partie suffisante de cette même fortune pour la conservation et l'amélioration de l'ensemble.

Votre Majesté, dépositaire suprême, son ministre des finances, dépositaire spécial de cette fortune, seront impuissans dans le devoir de conserver et d'améliorer s'ils n'ont la disposition
d'une partie suffisante pour cela ; ils seront parjures s'ils ne profitent pas de cette disposition
alors qu'elle leur est offerte. Cette disposition
était offerte à Charles X et au comte de Villèle
par la loi de finances d'août 1824, qui met à la
disposition du gouvernement une somme de
cent vingt-cinq millions de bons royaux, et
plus si le service du Trésor public l'exige. Or, le
service public exigeait la confiance, par conséquent le service des écrivains qui la font naître
ou la détruisent ; il exigeait la bienfaisance qui
met les peuples en situation de rendre constamment à Dieu ce qui est à Dieu, au Roi ce qui est
au Roi ; il exigeait que le caractère des princes
ne fût jamais méconnu, ne se fît jamais méconnaître ; que tous les travaux productifs fussent
encouragés ; que nos affaires extérieures, nos
forces de terre et de mer fussent suffisamment
dotées : en 1824, tout était facile. Le ministre
des finances trompé a trompé le Roi ; tout s'est
écroulé. Même erreur produirait un désastre encore plus sanglant en ce jour où l'exaltation, les
exigences sont beaucoup plus violentes.

Si la confiance dont Votre Majesté ne cesse de

parler ne produit pas ses effets consolateurs , les paroles de Votre Majesté mises en comparaison avec l'état du peuple constateront l'impuissance , et l'impuissance prolongée deviendra le parjure.

Il est donc urgent, Sire, d'accomplir les obligations de Votre Majesté, de son ministre des finances. Pour cet accomplissement , un budget d'un milliard et demi est nécessaire pour conserver et améliorer une fortune publique égale à deux cents milliards ; Votre Majesté , son ministre, doivent le demander pour réparer les erreurs de Charles X et de ses ministres ; les écrivains, les législateurs doivent procurer ce budget ; si non ce seront les écrivains et les membres du corps législatif qui seront impuissans ou parjures. Il est, je le sais, dans ces deux corps des conspirateurs qui travaillent à ce qu'une portion de la patrie soit constamment en opposition avec l'autre, afin d'empêcher la conservation , le bonheur et la gloire de l'ensemble. L'obstacle qui résulte de cette opposition cessera d'en être un grand dès que le peuple sera éclairé, comme Votre Majesté veut qu'il le soit, sur le véritable intérêt de la France et de l'humanité. Les feuilles d'opposition, bien étudiées par les écrivains alliés du gouvernement, serviront à découvrir la marche des conspirateurs , et à nous préserver des rigoureuses conséquences de l'impuissance ou du parjure.

Que dirait-on des membres d'une société quelconque, soit monarchique, soit républicaine, soit privée, qui, après avoir exalté la vertu, la générosité, le patriotisme, le dévoûment, refuserait à son chef des appuis analogues aux sentimens exprimés, aux obligations contractées par les actes les plus solennels? L'on dirait avec raison : la société est inconséquente. S'il s'agissait de mettre à la disposition du même chef une centième partie de la fortune de l'association, afin de lui donner les moyens de conserver et faire prospérer l'ensemble dans la proportion d'un dixième ; si l'association refusait à ce même chef le centième qui doit assurer un dixième de bénéfice, l'on dirait avec raison : ou la société fut mensongère dans ses félicitations, ou elle est aveuglée par l'avarice, le défaut de calcul, l'imprévoyance. Ce ne serait plus alors le chef qui pourrait être taxé de parjure ou d'impuissance, ce serait la société même. C'est alors la société qui voudrait sa propre ruine. C'est aux bons esprits à voir dès le principe les causes et les conséquences d'un tel égarement ; c'est aux écrivains à produire au grand jour les réflexions, les jugemens de tous les bons esprits.

Le Roi actuel des Français ayant à conserver et faire prospérer leur fortune, évaluée deux cents milliards de capital, dix milliards de rente, susceptible d'améliorations égales à quarante milliards de capital et douze cents millions de revenus, S. M. doit pouvoir, au besoin, disposer d'une somme égale à la centième partie du capital à conserver, et à la vingtième partie des améliorations à opérer. Le Roi, en donnant cinq millions en bons royaux à un an de date aux écrivains, serait loin de leur donner l'équivalent de ce qu'ils peuvent produire dans le courant de la même année. Ces écrivains, destinés à inspirer confiance dans les paroles, les actes solennels qui seraient leur mobile, leur règle, pourraient en moins d'un mois faire remonter les effets publics de vingt pour cent au moins. Or, comme nous avons pour plus de six milliards d'effets publics, dont le cours est coté à la Bourse, les écrivains peuvent donc produire en un mois plus d'un milliard. C'est ici le lieu de répéter que toutes les maisons de Paris, toutes les valeurs foncières et mobilières sont élevées ou dépréciées en général comme le titre de la rente. C'est encore à un taux analogue que le gouvernement jouit de la faculté d'emprunter.

Un gouvernement conservateur vraiment paternel, dont l'intérêt se trouve réellement identifié avec celui du peuple, ne reste étranger à aucune des chances de la fortune de ce peuple. Ce gouvernement doit être médiateur constant entre ceux qui possèdent les capitaux et ceux qui, par des travaux utiles, doivent plus directement concourir à l'intérêt, au bonheur, à la gloire de l'État. Ces mots, les sermens qui les retracent toujours, doivent enfin cesser d'être vides de sens et d'effets; ils doivent cesser d'offrir aux peuples les déceptions, les moqueries qui les désespèrent, les ruinent, les rendent aveugles et furieux.

Louis-Philippe ne peut éviter les rigoureuses conséquences de l'impuissance et du parjure s'il n'a un conseil privé en permanence et analogue à celui dont j'ai prouvé la nécessité pour Charles X. Le conseil privé jugerait toutes les demandes, les pièces adressées au Roi, puis, sur-le-champ, ferait réponse à chaque sujet; il montrerait au peuple, par ce seul fait, que la royauté de Louis-Philippe est déjà dans l'intérêt public une vérité immense toujours active. Le ministre qui pourrait se plaindre d'avoir un tel auxiliaire, serait fort en danger d'être considéré comme usurpateur ou traître. Il semblerait dire au peuple, aux alliés, aux ennemis : je suis impuissant à faire le bien, et je suis tout puissant à mettre obstacle au bien que le Roi a promis de faire. Tout ministre fidèle insistera pour que le Roi soit toujours véritablement Roi. Votre Majesté, Sire, est homme, et ne peut jouir de cette puissance suprême de royauté que par un immense concours de facultés, en tête duquel se place le conseil privé en permanence comme le sont les conspirateurs.

CONCLUSION DU LIVRE CXXVIII.

Sire,

Nos infortunes, nos agitations prolongées, la mort de Henri IV, celles de Louis XVI et du feu duc d'Orléans, votre père, les catastrophes de Louis XVIII, de Charles X et de nos ministres, attestent les dangers résultant d'un défaut d'organisation et d'harmonie qui empêche habituellement de mettre à profit, avec la célérité requise, la vérité que l'on ne cesse d'invoquer.

Dès lors, une perpétuelle invocation de la vérité, démentie habituellement par les faits, est une perpétuelle déception qui anéantit radicalement toute espèce de confiance et de lien de fidélité. L'on doit faire, en octobre 1830, l'application de ces faits à la situation où se trouvent S. M. Louis-Philippe Ier., Paris, la France et l'humanité ; puis tirer des faits accomplis la cer-

titude que des faits analogues donneront des résultats analogues, tant qu'une organisation sociale moins imparfaite ne préviendra point les
douleurs, les crises du corps social entier et les
catastrophes des chefs.

Je voudrais grandement n'être pas fondé à
conclure des faits passés et présens que la puissance de S. M. Louis-Philippe n'est point organisée pour vivre et remplir ses obligations; cependant la fidélité, la vérité, plus impérieuses
que mon inclination, m'obligent d'attester ce
que je vois, quel qu'en soit mon regret.

Par acte solennel donné et accepté, Louis-
Philippe, en recevant le dépôt de la puissance
suprême, *a juré d'agir en toutes choses dans la
seule vue de l'intérêt, du bonheur et de la
gloire du peuple français*. Tous nos chefs ayant
fait des sermens analogues sans pouvoir ou vouloir les accomplir, et sans pouvoir résister aux
conséquences rigoureuses de l'impuissance ou du
parjure, le triomphe véritable de S. M. Louis-
Philippe Ier., celui des ministres actuels, seraient
des exceptions au destin commun.

Une exception au destin commun serait un
fait extraordinaire qui ne peut découler que de
causes extraordinaires; il en serait de même
d'une organisation plus parfaite, plus efficace,
qui donnerait à Louis-Philippe, à ses ministres,

les facultés de recueillir, de juger, et de mettre à profit, avec la célérité requise, les bons avis, et en général la vérité toujours invoquée, toujours négligée. Des mesures vitales et nouvelles sont des nécessités urgentes.

L'organisation nécessaire à la vie, à la puissance de la royauté, n'existant pas plus dans le palais de Votre Majesté qu'elle n'a existé dans ceux de Charles X, de Louis XVIII, de Louis XVI, de Henri-le-Grand, le même vice d'organisation produirait nécessairement des effets analogues, c'est-à-dire des catastrophes ruineuses ou sanglantes.

L'état matériel et surtout moral de l'humanité, de la France, de Paris, du ministère, de la cour même de Louis-Philippe, mis en comparaison avec l'acte solennel du serment prêté et accepté, atteste l'impuissance commune du Roi qui a fait le serment, et des grands corps qui l'ont accepté. Cette impuissance prolongée finira par le sombre caractère du parjure, qui produit les assassins et les rebelles.

Chaque fois qu'une nouvelle lésion, une nouvelle crise, s'annoncent dans le corps social, un nouveau remède, une nouvelle institution, de nouvelles mesures, doivent prévenir, dès le principe, les effets des symptômes destructeurs.

Dans la situation actuelle de la grande famille, du grand corps des humains, dont Louis-Philippe est une partie essentielle, la mesure la plus urgente est celle de la formation d'un conseil privé en permanence, ou, si l'on veut, d'un bureau de renseignemens et d'un conseil-général d'améliorations, au Louvre, aux Tuileries, ou au Palais-Royal.

Au nom du Roi, le conseil privé en permanence doit accueillir, répondre, juger, avec la célérité requise, tout ce qui est de la compétence directe et générale de la royauté. Au premier rang de tout ce qui est de la compétence de la royauté, est l'accomplissement des obligations fort complexes de cette même royauté, qu'il s'agit de préserver des conséquences rigoureuses, forcées, habituelles, de l'impuissance ou du parjure.

L'intérêt, le bonheur et la gloire du peuple français, s'identifient par une foule innombrable de liens indissolubles avec l'intérêt, le bonheur, la gloire de l'humanité entière ; ainsi, le serment du Roi exige que Sa Majesté ait près d'elle un corps spécial organisé pour l'effet régulier du serment royal et constitutionnel sur nos destinées. Le même serment exige un immense concours de facultés, qui donne au chef la disposition des hommes et des choses nécessaires à la conservation, à l'amélioration de l'ensemble de la fortune publique.

Vainement objecterait-on la dépense; il est prouvé qu'il est possible d'obtenir, même dans le cours d'une année, des améliorations égales à douze cents millions de rente et quarante milliards de capital; vainement objecterait-on qu'il y a des ministres, des pairs, des députés : du moment que les faits constans démontrent l'impuissance prolongée de notre organisation sociale, il n'est plus possible d'opposer cette même organisation vicieuse, constatée telle par les faits, à l'empire de ces mêmes faits. Cette tentative ne décèlerait qu'imposture ou trahison.

Quand la vérité exige que tous les intérêts, toutes les illusions, tous les amours-propres, se plient devant le besoin d'harmonie et l'intérêt général, ce ne sont point de légers motifs qui doivent être invoqués; il est donc convenable que l'homme dont les vues ont été confirmées par les événemens, dise avec franchise : le Roi, sa famille, ses ministres sont en danger d'être tués ou chassés; Paris est en danger d'être ensanglanté par la guerre civile, ruiné, incendié, détruit par la guerre étrangère; la France, par les mêmes causes sinistres, est en danger d'être démembrée; un grand nombre d'hommes sont en danger d'être massacrés. Ces dangers ne sont

43

pas moins imminens qu'ils ne l'étaient aux temps de Charles X, de Napoléon, de Louis XVI. Tous dangers doivent être prévus, si l'on veut avec vérité les prévenir; refuser de les prévoir, c'est refuser de les prévenir; refuser de se mettre en harmonie de manière à prévenir les dangers, c'est vouloir que l'humanité y succombe; refuser d'organiser la puissance de manière à ce qu'elle préserve l'humanité, la patrie, la capitale, les ministres, la famille royale, le Roi même, c'est être parjure.

Faute d'études, de mesures, d'ordonnances, de lois, d'institutions conformes aux sermens de Votre Majesté, à ceux des fonctionnaires et aux besoins du peuple qui vous a donné la couronne, de ce peuple qui vous donnera trente millions de rente, les trois quarts des Français seront bientôt privés de l'argent ou du crédit nécessaires pour acquitter leurs impôts et autres obligations. Cependant autour de votre palais même, Sire, le quart du numéraire appartenant en propre à la France est stagnant. Sans doute le pauvre qui souffre de la faim, du froid, de la nudité, sans doute la famille désespérée, déshonorée par les faillites, doivent respecter les trésors de l'avare, de l'usurier, des fugitifs; mais, Sire, il est à prévoir que les nécessités irrésistibles du peuple ne reconnaîtront bientôt plus de lois.

L'héroïque remède aux peines, aux nécessités de l'époque consiste dans les études, les mesures, les ordonnances, lois et institutions qui, unissant les facultés avec une constance, une harmonie imperturbables, donnent aux chefs et aux plus simples citoyens l'espérance d'abord et bientôt le pouvoir d'accomplir les obligations indispensables à l'intérêt, au bonheur, à la gloire de la France.

Sire, telles seraient les études de Votre Majesté sur l'important sujet de cet écrit dans un conseil privé en permanence.

Telle serait une disposition de 1,200,000 fr. à décerner à titre de bienfaisance et de récompense aux vertus civiques dans un an et sur les propres revenus de Votre Majesté.

Telle serait une association d'utilité générale qui, décuplant la force de l'amortissement, en décuplerait les effets et prélèverait rapidement d'immenses bénéfices aux bourses de Paris et de Londres sur ceux qui spéculent et travaillent aux misères de leurs concitoyens et de l'humanité.

Telle serait une loi portant union de crédit en bons royaux jusqu'à concurrence de cent millions entre le Trésor public et les différentes sources et branches de la force et de la prospérité publiques.

Les contribuables, favorisés par le crédit, rendent à l'État le décuple de ses faveurs. Un budget égal à celui d'Angleterre, c'est-à-dire environ de quinze cents millions, serait facile à obtenir.

Tels seraient les effets des huit institutions indiquées dans mon tome Ier., précisées dans mon tome II, retracées dans les livres intitulés : *Sort des Bourbons ; la Royauté frappée au cœur; Concours nécessaire.* Tout ce que j'offre dans les vingt et un tomes est justifié par les discussions de nos Chambres sur les secours à donner au commerce et au travail.

Un grand nombre d'autres moyens de triomphe général, sans doute, doivent fixer l'attention du gouvernement ; tous sont urgens à discuter, vivifier, mettre en harmonie avec nos sermens. C'est ainsi, daignez vous en convaincre, Sire, que nous serons en sûreté contre les rigoureuses conséquences de l'impuissance et du parjure.

Le crédit d'un milliard accordé aux émigrés n'a point gêné la France ; le crédit d'un milliard accordé aux améliorations , à plus forte raison ne pourrait la gêner, puisqu'il serait un grand moyen de nous donner l'accroissement de douze cents millions de rente et de quarante milliards de capital , que nous pouvons obtenir dans les valeurs les plus réelles.

L'opinion de M. le comte Roy dans la Chambre des Pairs, contre la loi des secours au commerce, n'a heureusement obtenu que deux voix contre soixante dix. Si l'opinion de l'homme qui a su gagner une fortune colossale, mais qui a eu le malheur de préparer au refus d'impôt, eût prévalu, je le dis à regret, ce funeste triomphe eût aggravé les circonstances d'après lesquelles un grand nombre d'hommes peuvent être massacrés par suite de la détresse.

En facilitant le transfert des titres de rentes, on peut rapidement les transformer en capitaux productifs, les mettre en concurrence avec l'argent, et faire que ces valeurs, essentiellement bonnes et même préférables à l'argent, suppléent à tout celui qui est stagnant. Une telle circulation serait un moyen aussi simple que naturel de remédier à la défiance que produit nécessairement la stagnation ou l'exportation du numéraire.

Soit pour exemple une malheureuse famille : je passe à son ordre un titre de rente de 5oo fr. au principal de 1o,ooo fr., la voilà de suite au-dessus des besoins extrêmes. Qu'on lui donne un titre de 5,ooo fr. au principal de 1oo,ooo fr., la famille sera riche; elle le sera d'autant plus, si le titre de 1oo,ooo fr. s'élève à 15o,ooo, comme il s'y élèverait si nos trois pour cent venaient au pair. Admettant que la famille doive 8o,ooo fr., elle paie ; il lui reste 70,000 fr. pour vivre et travailler. Qu'il y ait défaut de secours, dépréciation des valeurs, il y aura défaut de solvabilité, faillite, misère toujours croissante, désespoir poignant. L'on sait ce que peut faire contre les riches, impitoyables et mauvais calculateurs dans la manière d'accomplir leurs obligations sociales, un peuple désespéré.

L'amélioration qui peut résulter de la culture en grand des plantes légumineuses, peut facilement surpasser l'intérêt de notre dette comme elle l'a surpassé en Angleterre, et faire que l'abondance précède toujours l'accroissement d'une population brillante de force, d'aisance, de vrai patriotisme et de véritable humanité.

Sire, le ministre de l'intérieur, en terminant la discussion, s'est mis sur la voie des unions, des harmonies de crédit, des travaux et des améliorations qui seules peuvent offrir l'accomplissement vrai des sermens de Sa Majesté Louis-Philippe, et qui seules peuvent conséquemment satisfaire le peuple.

Le despote de Constantinople, tout dégoûtant de notre sang chrétien et de celui de ses propres sujets, a trouvé des moyens de crédit pour réparer les désastres occasionnés par ses fautes, ses fureurs ; et l'on ne trouverait pas en France des moyens de crédit pour réaliser les améliorations, pour accomplir les sermens ! En vérité , ce serait une grande honte ! ce serait vouloir rendre le peuple fondé dans ses irritations.

Empêcher qu'une portion d'hommes civilisés, de compatriotes , n'en aide une autre qui doit l'aider à son tour, ce serait trahir l'humanité entière ; cessons de nous trahir nous-mêmes. Sire , telle est enfin la vérité qui doit prévaloir dans le cours de nos destins.

LIVRE CXXIX.

MOYENS D'ACCOMPLIR LES OBLIGATIONS DE SA MA-
JESTÉ LOUIS-PHILIPPE, ROI DES FRANÇAIS.

15 AOUT 1830.

———◆———

LA formation spéciale dans Paris d'une grande
association d'utilité générale et de crédit public
ayant le Roi pour chef et de puissantes ramifi-
cations sur tous les points du royaume, est le
premier et le plus urgent des moyens d'accomplir
les obligations de Sa Majesté.

C'est à la bourse de Paris, au premier des
foyers d'une redoutable opposition à l'utilité
publique, que la grande association doit faire
sentir sa puissance.

C'est à la bourse de Paris que tous les travaux
d'utilité publique, toutes les valeurs qui constituent la richesse, le crédit de la France, sont
menacés d'une dépréciation qui, pesant d'un
poids immense sur la fortune publique, écra-

serait celle du Roi, premier citoyen. Le Roi, chef de l'association proposée, modérateur et protecteur suprême du crédit public, doit avoir personnellement un grand crédit à la banque de France et une libre disposition des bons royaux. Sans doute les travaux que le gouvernement fait exécuter dans Paris sont d'une grande utilité pour remédier à l'excessive misère des classes pauvres. Mais l'urgence et l'étendue même de ces travaux indiquent une plaie immense dans le corps social et dans la tête de ce corps, la capitale. Le triomphe de la vérité dans le bien public exige que le premier moyen de faire sa cour au Palais-Royal soit d'être de la plus grande utilité au royaume et à la dynastie.

Les grandes leçons de l'Écriture et de l'histoire : « Aidez-vous, la Providence vous aidera ; apprenez, instruisez-vous, juges de la terre, » ces leçons viennent de recevoir une nouvelle confirmation par la chute du malheureux Charles X ; leur application doit ajouter un titre à la haute légitimité, à la puissance, à la justice de Louis-Philippe. En effet, si la monarchie de Charles X, restaurée par toutes les forces de l'Europe et par les acclamations de toute la capitale, n'a pu se soutenir faute d'institutions analogues à celles que je propose, la monarchie de Louis-Philippe le pourrait encore moins, parce que, loin d'être restaurée par toutes les forces de l'Europe, il est vrai de dire et de considérer que, soit ostensiblement, soit sourdement, Louis-Philippe aura pour adversaires jaloux quelques cabinets. S'il n'en était pas ainsi, ce serait une surprise fort agréable, fort utile, mais il serait fort dangereux de compter sur une bienveillance trompeuse. La vérité, caractère spécial, devise suprême de Philippe, exigera toujours que l'on voie nettement ce qui est dans la nature des choses. L'association proposée, unissant d'une façon plus intime le chef suprême de l'État avec toutes les parties essentielles de ce même État, offrirait une harmonie respectable aux ennemis sourds ou déclarés, et une consistance inaltérable aux alliés.

Charles X, hors des affaires spéciales et générales de l'intérieur du royaume, n'était sous ce rapport chef suprême que d'une façon illusoire. Comme je l'ai prouvé, trois ministères, ayant trois systèmes différens et en quelque sorte opposés, en trois ou quatre ans, ont prouvé que sous les rapports les plus intimes de l'utilité et du crédit, Charles X n'était qu'un instrument de signatures. Les ordonnances du 25 juillet, considérées sous les mêmes rapports, étaient des ordonnances révolutionnaires, comme les incendies de nos départemens du nord-ouest étaient des mesures révolutionnaires.

Moteur et signataire principal des ordonnances, prévenu d'être l'instigateur des incendies, le prince romain de Polignac fut, dans la force du terme le plus caractéristique, un révolutionnaire; la révolution qui s'est accomplie est son ouvrage; il a poussé la France vers la république, comme je le lui annonçais, en voulant la pousser vers le pouvoir absolu.

Une révolution étant toujours de prime-abord nuisible à l'utilité et au crédit publics, qui ne se consolident et ne se développent que dans une parfaite sécurité, le discrédit actuel est la conséquence de la révolution fomentée si malheureusement par l'intime ami de Charles X. Mais si le discrédit venait à se prolonger, l'utilité publique à tomber en langueur, cette faute serait bientôt attribuée aux amis du Roi actuel, et les ennemis naturels de ce Roi ne pourraient manquer d'en tirer parti. Le caractère principal de notre révolution depuis quarante ans est la tendance vers un gouvernement de la monarchie la plus tempérée, qu'il est possible d'avoir sans tomber en république. Tour-à-tour victorieuse et vaincue, la démocratie française lutte avec force contre les supériorités de cour, de château et de séminaire; Louis-Philippe ne peut maintenir l'équilibre désirable qu'autant que les sentimens d'utilité, de crédit public, obtiendront l'ascendant qu'ils doivent avoir sur les destinées humaines en général, et sur celles de Paris spécialement. Ce moyen de succès est urgent.

Pour notre capitale maintenant il s'agit d'être comme Londres une principale métropole du monde civilisé, ou de n'être qu'un monceau de ruines. Le cours naturel et invariable des passions humaines peut avant deux ans ramener un million d'étrangers autour de Paris; comme il peut, si les passions généreuses l'emportent enfin dans le cours de nos destins sur la malveillance, faire de Paris le modèle de l'utilité, du crédit universel. Le Roi actuel est donc soumis à l'impérieuse nécessité de faire que les passions généreuses l'emportent non seulement dans son cœur, sa cour, sa capitale, son royaume, mais encore dans l'univers entier, sur les passions malveillantes ou anti-sociales. Il ne suffit point que la bourse de Paris soit, par son architecture, plus belle que celle de Londres, il faut que nos effets publics, thermomètre de la confiance dans l'ordre public, y soient à un taux aussi favorable que chez nos voisins d'outre-mer. Un ordre social, qui ferait que trois de rente valussent généralement cent de capital, serait l'ordre qui marquerait la confiance au degré le plus éminent qui ait existé jusqu'à ce jour. La confiance et le crédit vivifiant tous les travaux, toutes les industries utiles, sont la vie de notre capitale ; la défiance et le discrédit seront des symptômes de mort. Je crois superflu, et il pourrait être indiscret d'entrer dans de plus grandes explications.

Le crédit d'un chef suprême met à sa libre disposition toutes les facultés non seulement de ses concitoyens, mais encore de tous ses contemporains. Dans nos temps modernes, le crédit est l'âme de l'État, le gage de la victoire, le moyen suprême de conserver un rang éminent, de triompher de l'anarchie, de conserver et de faire prospérer les grandes villes par les campagnes et les campagnes par les grandes villes. J'espère être mieux compris par notre chef suprême actuel, dans l'intérêt de Paris et de l'humanité, que je n'ai pu l'être des trois chefs suprêmes qui l'ont précédé, et lui éviter les catastrophes qui les ont affligés. A chaque danger j'offre un remède.

Philippe, sans crédit, est un roi condamné à la mort ou à l'expulsion ; Paris, sans crédit, est une ville ruinée ; la France, sans crédit, sera toujours en révolution ; l'univers civilisé, sans crédit, ne sera qu'un gouffre d'anarchie, de corruption et de crimes. Le crédit, comme ses compagnes inséparables, la richesse et la vérité, dépend habituellement de règles fort sévères, mais non gênantes, et du parfait équilibre de tous les intérêts. Ainsi l'équilibre de tous les intérêts exige que l'abondance des subsistances précède toujours, et dans Paris surtout, l'accroissement de la population. L'un des grands points de l'association générale que je proposais dans mon premier tome, en 1823, aurait été de venir au secours de toutes les branches souffrantes du corps social. Le blé alors ne payait qu'imparfaitement les peines et les avances des laboureurs ; l'association d'utilité générale, en venant à leur secours, eût formé de grands magasins dans le sein et aux environs de la capitale. Tout au contraire indique qu'en 1831 le blé ou le pain pourra être trop cher dans Paris ; alors l'association d'utilité générale ferait de grands achats à l'étranger. Il est naturel qu'en rendant d'immenses services aux peuples, les membres de l'association d'utilité générale et de crédit public fassent d'immenses fortunes. Ce qui est naturel est vraiment nécessaire pour les rois surtout qui gouvernent des états libres ou vraiment représentatifs.

Un roi, dans la forme tempérée, ne peut disposer des hommes et des choses que moyennant une juste et préalable indemnité ; si ce roi est sans crédit, il faut qu'il ait toujours l'argent à la main. S'il dépend de ses adversaires (un roi en a toujours) de le priver de crédit et d'argent, il dépend de ces mêmes adversaires de le priver de la disposition des hommes et des choses. Dans une capitale ingénieuse, éclairée comme Paris, un roi privé de la libre disposition des hommes et des choses, est un roi condamné aux rigoureuses conséquences de l'impuissance ou du parjure auquel il est réduit. Si le Roi n'a point la disposition libre des moyens de conservation, il n'a point le pouvoir de conserver librement d'après la loi ; s'il veut obtenir ces moyens par la force, il viole les lois. Toute capitale, tout royaume, que le chef, le roi, n'a point le moyen de conserver, est une capitale, un royaume en danger, ou indignes de confiance et de crédit. Le peuple de Paris, dans son insurrection du 27 juillet dernier, a senti avec une admirable sagacité quelle devait être la force des passions généreuses. Le gouvernement actuel, en perdant de vue l'empire de tels sentimens, perdrait le sentiment même de sa conservation. Il deviendrait naturel que le peuple se lassât d'un héroïsme et de révolutions stériles, qui ne feraient qu'aggraver sa misère. Une prochaine révolution sera imminente, tant que les conseils du Roi ne voudront pas s'écarter de la routine où se trouvent, depuis quarante ans, toutes les causes de révolution. Dans cette prochaine révolution, les spoliations du Palais-Royal, de la

Banque de France, seront dans l'ordre des passions haineuses qu'on aura laissées prévaloir sur les passions généreuses. Paris alors n'aura plus que des moyens de conservation éphémères.

Je crois à la sincérité des passions généreuses des Anglais, qui viennent au secours des familles parisiennes et patriotiques, qui ont souffert de la dernière révolution ; mais je vois aussi clairement le caractère de liberté, d'égalité, de fraternité, de républiques universelles, dans ces mêmes actes qui doivent irriter l'antique aristocratie britannique. C'est toujours cette aristocratie qui dirige la prépondérance diplomatique et maritime de la Grande-Bretagne. Cette aristocratie a prouvé qu'elle savait dissimuler pour régner. Une vraie conciliation est possible.

Dès les premiers pas que nous faisons dans la carrière de l'utilité, du crédit nécessaire à la conservation de notre Roi actuel et de notre capitale victorieuse, nous voyons s'ouvrir une immense série de moyens accessoires qui se géminent avec les premiers, de manière à former un tout en quelque sorte indivisible. Pour offrir un point unique sensible à toutes les intelligences, je dirai que la confiance et le crédit nécessaires au trône constitutionnel et à la capitale victorieuse, devraient être tels que toute famille ayant, par son travail et son industrie, par exemple,

trois mille francs de rente, devrait être considérée comme ayant cent mille francs de capital.
Un auteur, un principal ouvrier d'imprimerie,
un commis, peuvent se faire trois mille francs
de rente; leur capital, digne de crédit, est dans
leur force d'utilité; il en est de même du Roi,
du laboureur. Après la valeur du génie et de la
force personnelle vient celle de la richesse acquise, soit qu'elle ait la forme de meubles ou
d'immeubles; elle mérite d'autant plus de crédit
qu'elle est plus utile. Les grandes sommes d'argent, les grandes propriétés sont utiles, surtout
en ce sens qu'elles se prêtent admirablement aux
plus grands travaux et aux plus grands exemples
d'amélioration de l'ordre social. De grandes
sommes d'argent tenues en stagnation, par l'a-
varice qui spéculerait sur la dépréciation de toutes les valeurs; de grandes propriétés rendues in-
cultes par ceux qui spéculeraient sur les effets de
la disette, accuseraient des vices destructeurs de
l'ordre social, et par conséquent de la royauté
et de la capitale.

Paris, sans argent, sans crédit, Paris affamé,
tuerait ou chasserait le Roi actuel, et se détruirait
lui-même. Paris, sans garde nationale, est une
ville dont la fortune et l'autorité civile sont menacées de ruine; je l'ai prouvé dans le livre re-
latif au licenciement et à ses conséquences pour

les Bourbons. C'est beaucoup pour l'utilité, le crédit, d'avoir restauré la garde nationale parisienne; mais il ne faut point que l'activité de cette garde fasse une distraction nuisible aux productions du génie, des sciences, des arts, du commerce et de l'industrie. En temps ordinaire, les exercices de la garde nationale ne doivent être que d'honorables délassemens des travaux assidus d'utilité générale.

L'utilité, le crédit public dans Paris, la France et l'univers, exigent que les gardes civiques soient montées, exercées par ceux qui ne peuvent ou ne veulent rien faire de plus utile. La nécessité de toute force armée décèle l'imprévoyance ou la faiblesse du gouvernement, ou l'excessive puissance d'ennemis acharnés. Sous tous ces rapports l'activité de la force armée décèle un désordre contraire à l'amélioration de l'ordre social, et même à la sécurité du prince et des peuples. Si toute l'humanité était régie par de bonnes institutions, l'homme ne serait armé que pour se défendre contre les bêtes féroces.

L'association proposée d'utilité et de crédit publics suppléerait au degré le plus éminent comme le plus heureux à l'absence de la force armée, parce que cette institution d'utilité, de crédit communs, réunirait tous les intérêts sociaux, au point de rendre les attentats fort rares. C'est à la police à réprimer les attentats qu'elle n'a pu prévenir. La police a plus besoin d'étude et de prévoyance que de force armée. Henri-le-Grand et Sully employaient les mots de bonne police comme synonymes de bonne administration, de bon ordre. Une bonne police est donc une des institutions les plus essentielles pour un trône constitutionnel et pour une capitale industrieuse. Tout homme intéressé à l'ordre devient agent honorable d'une bonne police, qui prévient toujours et ne provoque jamais les attentats.

Le Roi est le premier magistrat ou officier d'une bonne police ; le garde-champêtre n'en est pas le dernier, puisqu'il n'est pas le dernier des intéressés à cette bonne police. Le dernier des intéressés est le pauvre, et cependant son intérêt est immense pour sa conservation. Une bonne police le préservera, par des secours ingénieux, des horreurs de la misère, de même qu'elle préservera le Roi des horreurs de la calomnie, par des secours aussi ingénieusement appliqués à la diversité des positions. L'on voit combien est immense la série des travaux qui doivent faire que l'artiste ou l'artisan ayant trois mille francs de rente, jouissent d'autant de crédit que s'ils avaient cent mille francs de capital. Le manœuvre, dont le travail offre trois cents francs seule-

ment, devrait avoir crédit comme s'il était riche
de dix mille francs. Le Roi Philippe, qui doit avoir
au moins trente millions de rente, doit avoir un
crédit personnel analogue au capital d'un milliard. Le même Roi, comme dépositaire et
chargé de la conservation d'une fortune française égale à trois cents milliards de capital, donnant neuf milliards de rente, doit avoir un crédit français et européen analogue à ce devoir, à
cette richesse. Comme membre principal de la
grande famille des humains, le Roi des Français
doit avoir dans l'univers entier un crédit proportionné à cette qualité.

Tels sont, en aperçu clair et rapide, les divers
genres de crédit qu'il s'agit de vivifier pour les
progrès administratifs vraiment consolateurs de
l'humanité intelligente. L'ascendant irrésistible
de l'utilité, du crédit publics, peut seul donner
au Roi les moyens de triompher de toute espèce
d'anarchie, de discorde et de symptômes de mort
ou d'expulsion. Le même ascendant ne peut manquer d'entraîner toutes les portions estimables de
la congrégation jésuitique, et d'annuler les efforts des portions dangereuses pour l'ordre social.
Ces grandes considérations sont tellement impérieuses qu'elles avaient frappé Charles X et ses
conseils, et que l'infortuné Monarque les retra-
çait dans sa proclamation aux Français ; mais au

lieu de les mettre à profit dans les jours qui suivirent la proclamation, il souffrit que *le Moniteur* annonçât sèchement, suivant l'usage révoltant : « Le Roi a entendu la messe ; est allé à la chasse avec M. le Dauphin. » Charles X n'eût-il pas été Roi, il suffisait qu'il eût une immense fortune à conserver, pour ne pas négliger les soins de cette conservation, et se jouer publiquement des actes par lesquels il fixait ou voulait fixer les suffrages du monde, de la France et de Paris. Louis-Philippe, par la même raison, ne fût-il encore que duc d'Orléans, ne pourrait, sans danger, après s'être déclaré le protecteur de la vérité, de l'utilité, du crédit, ne point se dévouer tout entier à leur triomphe.

Les amis plus ou moins déclarés des républiques universelles ne peuvent manquer de concevoir de nouvelles espérances dans les actes qui constatent la souveraineté populaire ; ils ne peuvent manquer de s'armer pour en enlever le dépôt à Louis-Philippe Ier., comme ils l'ont enlevé à Charles X, à Napoléon, à Louis XVI. L'ascendant de l'utilité, du crédit publics, dont le Roi actuel serait le protecteur et le modérateur suprême beaucoup plus en faits qu'en paroles, désarmerait les républicains, comme les Vendéens et les congréganistes, et même les anciens courtisans féodaux. Désarmer et régner au nom

du crédit public, de l'utilité générale, de l'humanité absolue, est pour le Roi, le gouvernement
et les Chambres, une nécessité qui, si elle n'est
convenablement appréciée et mise à profit, fera
place aux plus affreux excès de l'anarchie. Tout
homme qui a une existence à conserver est intéressé au triomphe de cette vérité. Désarmer et
régner au nom du crédit, de l'utilité, de l'humanité en général, est une nécessité, un avantage immense pour notre Roi, notre gouvernement et nos chambres, pour nous Français, et
pour tous les humains en général.

Nul des humains ne devrait être contraint à
tuer, mutiler, incendier ou piller son semblable,
et cependant cette contrainte leur a été fréquemment imposée. Le Roi du peuple souverain de
Paris et de France est sûr de triompher de tous
les obstacles à l'intérieur et à l'extérieur, en prenant cette grande maxime pour règle des développemens du crédit français. S'il est naturel
qu'une épouse, une mère, un parent, gémissent
sur la mort d'un membre chéri de la famille ; s'il
est naturel qu'on déplore les conséquences inévitables des guerres civiles ou étrangères, il est naturel que le peuple souverain, que le chef auguste
de la civilisation, développent, consacrent leur
force à faire prévaloir cette maxime retracée et
trop peu suivie par Napoléon : « La paix est le

premier des besoins comme la première des gloires. »

En effet, la famine est presque toujours ainsi que les impôts ruineux la suite de la guerre même la plus heureuse. La Grande-Bretagne, dominatrice victorieuse sur toutes les mers, la France, dominatrice victorieuse sur le continent européen, en ont tour-à-tour confirmé les preuves éternelles.

Le premier des besoins d'un peuple est que l'abondance précède toujours l'accroissement de sa population ; la première des gloires d'un peuple est de concourir le plus puissamment à tout ce qui peut honorer, consoler l'humanité.

On est loin de voir le caractère de la satisfaction des premiers besoins et de l'ascendant de la première des gloires dans les rassemblemens tumultueux d'ouvriers qui désertent leurs utiles travaux pour s'ériger en législateurs. Un Roi qui, dans sa propre résidence, serait obligé de souffrir long-temps de pareils égaremens, serait un Roi détrôné, un Roi menacé de mort ou d'expulsion. Une capitale ainsi mise en combustion serait très près de sa ruine ; le crédit y déclinerait rapidement, quelques efforts que l'on pût faire d'ailleurs pour le soutenir. Que l'anarchie vienne à régner dans Paris et bientôt elle règnera sur Londres et l'univers entier. Si j'avais moins de dévoûment pour les humains, je n'oserais, par le temps qui court, leur tenir ce langage austère qui m'a fait déjà proscrire deux fois.

Si Charles X n'a pu être en sûreté dans Paris, ni même dans les vastes forêts de ses domaines, je ne vois aucunement, je l'avoue, par quel privilége le Roi Louis-Philippe, l'opulent comte Roy, et tous autres membres transcendans des supériorités sociales, jouiraient du repos, de la sécurité, du bonheur, dans un pays où il n'en existerait pas. Si l'on excepte de la marche générale des affaires les escomptes un peu moins parcimonieux de la banque de France, la révolution de juillet 1830 a été défavorable à la classe immense des débiteurs dont elle a déprécié toutes les valeurs, soit mobilières, soit immobilières. Ainsi, l'honnête négociant ou père de famille qui avait dans Paris un avoir de quatre cent mille francs en créances actives, et qui en devait cent, jouissait d'une certaine aisance ; mais si, par l'effet du trouble, il n'est payé que de cinquante mille francs, il sera bientôt hors d'état de faire honneur à ses engagemens. Je m'abstiendrai de développer les conséquences d'un tel fait sur l'ordre public, après lequel soupire le Roi actuel comme ont soupiré ses prédécesseurs. Je me permettrai seulement de faire observer qu'un tel fait aura la plus grande influence sur le repos, le bonheur de plus des trois quarts des habitans de la capitale réduits au désespoir.

Le gouvernement est supplié de considérer que la révolution du 3o juillet doit tourner au profit et jamais au préjudice du plus grand nombre, sinon, loin d'être favorable, elle serait contraire aux intérêts du peuple français et à ceux de l'humanité, de la civilisation entière. Les usuriers et ceux qui spéculent sur la détresse publique font une exception dont l'intérêt est en opposition avec ceux des rois et des peuples. Cependant la fortune de l'usurier ne peut être attaquée légitimement que par la loi, et celle des spéculateurs à la baisse, au discrédit public, ne peut être attaquée que par des combinaisons d'une haute supériorité.

Telle serait une grande association d'utilité générale, ayant le Roi pour chef, et pour actionnaires, tous les hommes qui appartiennent aux supériorités sociales, soit par leurs lumières, soit par leurs fortunes. Le but de cette association serait d'abord d'élever nos fonds publics au niveau de ceux d'Angleterre, puis vers le pair légal de trois pour cent, de manière que trois de rente aient effectivement cette valeur, et que le bon royal de Louis-Philippe soit à 3 pour o/o préférable et véritablement préféré à l'or et l'argent. Toutes les vérités que j'exposais dans le livre déposé au ministère des finances pour conserver la fortune de France et la couronne de Charles **X**, toutes ces vérités, dis-je, sont éminemment applicables au devoir de conserver six mois plus tard la même fortune de France et la couronne de Louis-Philippe.

Le mémoire lumineux publié en 1824 par M. Laffitte, sur le crédit, n'a pas été apprécié et mis à profit pour l'utilité générale, comme il aurait dû l'être par le Roi et le Dauphin. L'ouvrage de M. le comte de Laborde sur l'esprit d'association, les cours de MM. J.-B. Say, Charles Dupin et autres savans, n'ont pas été plus heureux. Charles **X** et son fils n'ont point manqué de subir le destin que devait leur faire subir leur préoccupation, leur négligence de l'intérêt, de l'utilité, du crédit publics. Puisse le Roi actuel, mieux informé du véritable état des choses financières, gagner les cent vingt millions que pouvait gagner Charles **X**, et enrichir tous ses amis, comme pouvait le faire son prédécesseur, aux dépens des usuriers et des spéculateurs à la baisse !

S'il m'est facile aujourd'hui de prouver que l'association d'utilité, de crédit publics, était un moyen de salut, de triomphe légitime et indispensable pour Charles **X**, il me sera doublement facile de prouver que la même association est une conséquence plus rigoureuse encore des obligations de Louis-Philippe. Ceux qui, dans l'intérêt d'une basse jalousie, ont détourné les prédécesseurs du Roi actuel de l'association proposée, ont perdu ces malheureux princes; ceux qui en détourneraient encore S. M. Louis-Philippe, l'exposeraient lui-même à la mort ou à l'expulsion.

Toutes les vérités que j'ai tracées dans mon XXe. tome des *Considérations sur les destinées humaines*, sur le concours nécessaire en 1830, et qui est l'objet spécial de ce tome, s'appliquent, avec quelques modifications, au concours nécessaire à S. M. Louis-Philippe. Que la France soit monarchie plus ou moins tempérée, empire ou république, le concours de toutes les facultés de l'État est nécessaire aux chefs de l'État. Il y avait concours vrai dans le plan d'une loi ainsi conçu, que j'ai remis au comte Roy, en mars 1829 :
« Il sera fait union de crédit en bons royaux,
» entre le Trésor public et les diverses sources et
» branches de la prospérité publique. Les béné-
» fices provenant de cette union, seront consa-
» crés à l'extinction des impôts les plus onéreux
» au peuple. »

Ce projet de loi, négligé par le ministre des finances, le Roi, le Dauphin, les ministres et conseillers-d'état, pouvait assurer le triomphe du ministre du Roi et des hauts fonctionnaires d'a-

lors. Ils sont tombés, parce que leur administration manquait en France des racines que mon
devoir était de lui donner.

Il se peut que Louis-Philippe, sa famille, ses
ministres, me refusent encore audience et justice; il se peut que l'on m'oppose les argumens
qui m'étaient opposés, que l'on me dise : il y a
concours, association réelle entre le Roi et les sujets. Je répondrai encore : Non, il n'y a concours, association, que de paroles et d'espérances ;
je répondrai : le concours, l'association de toutes
les facultés, n'existent pas, n'ont jamais existé.
Sous la monarchie, la république, l'empire, il y
a eu des prodiges, mais ce ne furent jamais ceux
d'une harmonie constante ; c'est la véritable association qui produit le véritable concours : celui-
ci, la véritable harmonie ; celle-ci, le véritable
règne, le véritable commandement, la vraie
fidélité.

Admettant que l'association proposée au comte
Roy, dès le mois de mai 1829, eût pris de l'activité sous ce ministère et sous la haute présidence
de S. M. Charles X, je suis à même de prouver
que l'un serait devenu le premier ministre, et
l'autre, le premier monarque de l'univers.

La première opération spéciale que je proposais était une première union de crédit entre le
Trésor public et l'association d'utilité, jusqu'à

concurrence de cent millions ; un prêt considérable eût été fait aux reproducteurs et détenteurs de vins, alors très dépréciés et aujourd'hui doublés de valeur. L'association d'utilité aurait même pu faire acheter pour son compte. Dans l'ordre naturel des affaires commerciales, le bon papier sur Paris, à trois mois, est souvent préféré à l'or et l'argent, sous le simple escompte de trois pour cent. Une harmonie, une confiance mieux fondées, produiraient le même avantage, quant aux effets à un an de date, surtout si la Banque de France, qui se plaignait de ne point trouver assez de bon papier à escompter, avait modifié son règlement en faveur de l'association et de l'État. Il est certain que cent millions consacrés en achats de vins, dans le cours de 1828 et 1829, eussent pris, en 1830, une valeur double ; l'association, l'État et la Banque eussent obtenu des bénéfices proportionnés à l'importance de cette opération. L'exaspération contre les droits réunis n'eût pas été une cause de révolution compliquée avec le refus d'impôt, la détresse des vignerons et autres contribuables.

En août 1830, le vin et le blé exceptés, presque toutes les valeurs sont menacées d'une grande dépréciation. Si les propriétés, les bestiaux, le sont, ce n'est point que la France ait trop de propriétés, de bestiaux, c'est qu'il n'y a point assez de signes d'échange ou de valeur représentative pour soutenir le prix favorable des propriétés et des bestiaux. Il doit en résulter que les propriétaires et les cultivateurs tomberont dans la gêne. Que l'association proposée se forme et qu'elle agisse à la Bourse en faveur de la caisse hypothécaire avec le concours du gouvernement, l'association consacrant cent millions à cette opération peut, avant six mois, doubler cette somme et rendre un service immense aux propriétaires. Le Roi, personnellement, peut gagner moitié de la somme. L'État, par l'enregistrement, les hypothèques, les mutations, gagnerait plus de vingt millions. Ces bénéfices, tout avantageux qu'ils sont, ne peuvent être comparés aux effets moraux qu'ils produiraient. M. Laffitte a très bien démontré, dans l'ouvrage que nous avons cité, qu'il serait avantageux pour le peuple actif et industrieux d'avoir l'argent à 3 p. %. Cela mettrait le titre de nos rentes 5 p. % à 166 fr., et toutes les propriétés à un taux analogue. L'association qui, comme je l'ai proposé, décuplant la force de l'amortissement en décuplerait les effets, aurait la plus grande part des bénéfices, de l'élévation du crédit qui signalerait la confiance méritée par le Roi actuel.

Jadis nos guerriers élevaient nos rois sur le trône, maintenant ce sont les industriels. Le génie de l'homme qui console l'humanité vaut encore mieux que celui du soldat qui la détruit plus souvent qu'il ne la défend. Louis-Philippe, comme chef suprême d'une association formée pour l'utilité générale et le crédit public, peut augmenter ses revenus personnels de 120 millions par an, ceux de l'État de 200, et ceux du peuple français de 1,200. C'est alors, et alors seulement que le crédit public triomphera de l'anarchie par l'harmonie du trône et des intelligences.

M. le baron Louis, ministre actuel des finances, a, depuis quarante ans, vu, fait ou laissé tomber dix formes de gouvernement; c'est en favorisant l'association d'utilité générale et de crédit public qu'il sera plus heureux; son ministère des finances serait la plus glorieuse des époques dans les annales de la civilisation, véritable réparatrice de nos infirmités. Mais j'ai déjà tout lieu de craindre que Son Excellence n'ait le destin de ses prédécesseurs et ne soit enveloppée dans les filets de la conspiration permanente que je dois révéler et qui est le plus grand obstacle aux améliorations, aux consolations requises par l'humanité.

Malgré la révolution du 30 juillet, où la conspiration ourdie contre l'intérêt, le bonheur et la gloire de la France, semble avoir reçu un grand échec,

cette conspiration a conservé une puissance fort redoutable. Elle peut faire calomnier, tourmenter,
ruiner qui bon lui semble, et les hommes qui ont
développé le plus de facultés, de zèle pour l'intérêt, le bonheur et la gloire de la France, sont
naturellement les premières victimes ou du moins
l'objet des sourds attentats des conspirateurs.
Tous les terroristes sont leurs auxiliaires depuis
la tribune démocratique jusqu'au confessionnal
inquisiteur ; que le Roi montre une capacité supérieure, tous cesseront d'être en butte aux attentats.

Les anarchistes de toute espèce ne veulent pas
que le peuple français ait confiance en lui-même.
S'ils cherchent à inspirer de la confiance, c'est
afin de rendre dupe celui qui la conçoit. Ainsi,
depuis la révolution de juillet 1830, des attroupemens d'ouvriers, de vignerons, ou de manœuvres ont porté de graves atteintes à l'ordre public.
Sous le prétexte de jouir de leur pleine liberté,
les ouvriers ont attenté à celle de tous leurs compatriotes et à la sûreté de l'État par le refus
d'impôt. Ainsi, les prétendus défenseurs des
principes monarchiques et religieux qui naguère
inspiraient une trompeuse confiance à la famille
régnante en France par leurs reproches de lâ-
cheté, de sottise envers les nombreux libéraux,
ces prétendus fidèles par excellence ont amené la
famille régnante à une déplorable catastrophe.

Ils s'apprêtent à faire subir à la branche d'Orléans le destin de celle d'Artois.

Le ministère de la justice , les procureurs-généraux, tous les parquets , tous les jurisconsultes de France , ont besoin d'auxiliaires nombreux pour saisir le principe de la conspiration qui agite les masses. Depuis l'écrivain le plus sublime jusqu'au moindre garde-champêtre, depuis le plus riche propriétaire jusqu'au plus pauvre journalier, depuis le premier banquier jusqu'au moindre colporteur, tout bon Français doit être agent de la police judiciaire. Déjà depuis quelques jours j'ai eu la consolation d'entendre de simples marchands de poteries se plaindre de ce que les perturbateurs voulaient ruiner la confiance, le commerce , et ne pouvaient rien faire autre chose..... Il faut, ajoutaient ces braves gens, les arrêter , les emprisonner , les fusiller..... Sur ce dernier point j'étais en dissidence ; je disais : il faut les éclairer à fond comme vous l'êtes , et les désarmer , les mettre hors d'état de nuire , en tant qu'ils se refuseront aux lumières patriotiques.

Le vrai patriotisme ne pourra jamais consister à détruire ses compatriotes , non plus que le vrai christianisme ne peut jamais consister à vexer des chrétiens, quelles que soient d'ailleurs les nuances d'opinion. Il résulte évidemment de ces faits que

les bons et les plus illustres citoyens sont obligés
aux plus grands ménagemens contre des adversaires qui, en réalité, n'en ont aucun , et qui sont
d'autant plus dangereux , qu'ils empruntent des
apparences plus séduisantes de patriotisme ou de
religion. Les saines idées de crédit public et
privé, rendues populaires, opéreraient avec certitude tous les biens que l'on est en droit d'attendre
des événemens de la grande semaine.

Après avoir proposé d'instituer au Louvre un
conseil-général d'amélioration , un conseil supérieur d'écrivains , un bureau de renseignemens
ouvert jour et nuit, des modèles de culture et
d'industrie , des Monts-de-Piété , des banques
départementales et même cantonales, une banque royale foncière , une association d'utilité générale et de crédit public , je demanderai comme
mesure urgente la nomination par le peuple d'un
garde-champêtre par lieue carrée et par cent
âmes de population.

Beaucoup de gardes-champêtres actuels ont
été nommés sous l'influence de la partie vicieuse
de la congrégation, auxiliaire de la conspiration
ourdie contre l'intérêt , le bonheur et la gloire
de la France et de l'humanité. Moyennant de
légères indemnités que les propriétaires , s'ils
n'acceptaient eux-mêmes les fonctions de garde ,
donneraient aux élus, l'État n'en éprouverait au-

cune charge et l'ordre public en obtiendrait d'immenses avantages. Des récompenses, équitablement et honorablement décernées suivant le caractère des gardes, stimuleraient, feraient naître chez ces fonctionnaires multipliés les sentimens de vrai patriotisme, de vraie religion, qu'ils insinueraient dans les chaumières dont ils seraient les protecteurs. De bons livres adressés aux gardes-champêtres les guideraient dans tous leurs devoirs.

Je conjure de ne point oublier que j'ai prouvé la possibilité d'une amélioration de 1,200 millions dans les revenus et de 40 milliards dans le capital du sol français, ayant 50,000 hectares et 20 millions de travailleurs. Il sera toujours honorable de concourir à une telle amélioration dans quelque rang que l'on soit. Libre à chacun de refuser son concours, mais libre au public d'en porter un jugement discret.

Il serait conforme à l'intérêt, au bonheur, à la gloire de la France, qu'une taxe légère portât sur les grandes fortunes improductives, ainsi que dans l'exemple qui suit : J'ai 200,000 livres de rentes franches d'impôt; je n'en dépense que 20 ; j'enfouis chaque année dans mes coffres 180,000 fr. ; l'opinion publique m'attribue un trésor de 1,800,000 fr. égal à celui du cardinal de la Fare, qui vraisemblablement ne payait aucun impôt pour ce trésor. Je dis que l'État étant obligé de faire veiller à la conservation du trésor privé contre les spoliations intérieures ou extérieures, l'État est lésé s'il n'est indemnisé des frais obligés de conservation par le détenteur du trésor. La lésion serait d'autant plus grande si le trésor était décuple ou si plusieurs Français thésaurisaient plusieurs millions. Cependant le malheureux laboureur, dont le fils aîné est toute la fortune, est obligé de donner ce fils pour la défense de l'État; si, en conduisant son fils au chef-lieu du département, il prend un litre de vin du plus médiocre, il paie un nouvel impôt; enfin il emprunte au taux usuraire habituel dans les campagnes, afin que son fils ne parte point sans argent. Le laboureur est ruiné, désespéré.

Ce qu'il y a de pis, c'est que les hommes thésauriseurs tendent, non seulement à réduire au désespoir ceux qui se trouvent obligés de les conserver, mais encore travaillent à rendre plus graves les chances de ce désespoir au lieu de s'efforcer de les tempérer. Par suite de ces graves lésions, les conspirateurs ont eu de grandes facilités pour dépouiller Charles X et ses fils de titres héréditaires et constitutionnels, et ils en auraient d'égales pour enlever à S. M. Louis-Philippe ses titres électifs. Ils auraient encore bientôt même facilité pour nous pousser vers la démocratie absolue et vers le nivellement des fortunes. Ce serait donc trahir le Roi et toutes les supériorités comme toute l'humanité, que de négliger des mesures analogues à celles que je propose.

En 1812, j'ai eu de vives discussions avec M. le baron Louis sur le système d'améliorations générales et de finances qu'il convenait d'adopter pour élever la France au-dessus des profondes combinaisons du ministère anglais, qui soumettaient cette France à l'obligation de ravager le Continent par la guerre, et d'en subir les dures représailles. Les événemens de 1813, 1814 et 1815, ne justifièrent que trop mes assertions, confirmées de nouveau par les événemens de 1830, et qui ne peuvent manquer de l'être en 1831. La fortune personnelle des ministres est nécessaire au cours libre et facile d'une administration de finances vraiment libérale. Il est de toute équité, de toute bienséance que le Roi, le ministre, qui contribueront puissamment à enrichir le peuple français, acquièrent personnellement une fortune qui donne lieu à de grands bienfaits personnels. L'on m'objectera que le grand financier Pitt est mort pauvre, et que Canning n'était pas très riche ; mais je vois bien les ruines qu'ils ont occasionnées, et je ne vois point les vraies fortunes qu'ils ont consolidées.

Les rois et les ministres actuels d'Angleterre

et de France doivent, sous peine d'être entraî-
nés par la force démocratique, compenser, par
la toute-puissance du crédit, les pertes apparentes
que subissent les monarchies. Ils doivent toujours, comme chefs suprêmes, régler le cours
de leurs destins et des nôtres. C'est ce que
LL. MM. et LL. EE. feraient, en adoptant un
plan d'utilité générale et de crédit universel, analogue à ceux que nous allons soumettre ou que
nous avons soumis à Charles X.

RAPPORT AU ROI.

SIRE,

L'intérêt, le bonheur et la gloire de la France,
objets des sermens de Votre Majesté, exigent
que la bienfaisance ait une impulsion directe
qui parte de la royauté constitutionnelle, et
qui dispose des facultés de la souveraineté populaire en faveur de toute espèce d'amis, et contre
toute espèce d'ennemis.

De très bons esprits ont présenté sur cet important objet des lumières fort éclatantes, et

fourni des preuves d'une application dont les succès ont été décisifs. Les revenus du royaume peuvent s'augmenter de douze cents millions par an, lorsque le travail et l'intelligence de vingt millions de sujets s'augmentera de vingt centimes par jour. C'est à la bienfaisance qu'il est réservé de porter un flambeau consolateur dans cette carrière d'améliorations. Par elles, les rivaux de Votre Majesté seront insensiblement réduits à l'imiter plutôt qu'à la contrarier; par elles, Votre Majesté sera facilement pourvue d'une réserve de cent vingt millions, destinée aux dépenses urgentes.

Votre Majesté, par la bienfaisance, doit obtenir l'autorité universelle qu'exige la grandeur des circonstances où se trouve le monde civilisé.

Récompenser dignement les hommes généreux dont la bienfaisance éclairée contribue puissamment aux travaux utiles, au crédit indispensable, à l'intérêt, au bonheur et à la gloire de la France, est un premier devoir.

Organiser des comités de bienfaisance dans tous les ressorts des justices de paix du royaume, est une conséquence naturelle de ce premier devoir.

Créer près des conseils de Votre Majesté un comité d'inspecteurs-généraux de bienfaisance pour l'application des instructions qui doivent être retracées et mises en action, est une conséquence du même devoir.

Enfin, Sire, votre intérêt, votre bonheur et votre gloire, s'identifiant de la manière la plus intime et la plus indissoluble avec ceux de la France, une portion notable des revenus de Votre Majesté serait fructueusement appliquée à décerner des récompenses analogues aux mérites, tant des bienfaiteurs que des pauvres, qui, par leurs vertus civiques, auront contribué, suivant leurs facultés, à l'harmonie générale, source de la toute-puissance de l'État et de son chef auguste.

D'après ces considérations, et, nous osons le dire, d'après la nécessité où se trouve Votre Majesté d'éclairer, désarmer et annuler toute espèce d'influence qui tendrait à vicier les admirables caractères que viennent de prendre la souveraineté du peuple et la royauté constitutionnelle dépositaire de l'exercice de cette souveraineté, nous proposons à Votre Majesté le plan d'ordonnance qui suit :

Louis-Philippe, roi des Français,

Avons ordonné et ordonnons ce qui suit :

Art. 1er. Les administrateurs de nos revenus tiendront à la disposition des comités de bienfaisance une somme de douze cent mille francs pour être décernée dans un an, à partir de la date des présentes, 1º. à toutes les personnes qui auront contribué par une bienfaisance éclairée à l'intérêt, à la gloire et au bonheur du peuple ; 2º. à tous les citoyens, et en commençant par les plus pauvres, qui auront le mieux travaillé, le mieux soigné leurs vieillards, leurs femmes et leurs enfans.

Art. 2. Il sera formé un comité d'inspecteurs-généraux de bienfaisance, que nous nous réservons de présider en personne, et dont les fonctions consisteront à rédiger, publier, appliquer, régulariser, mettre en harmonie tous les moyens et toutes les institutions de bienfaisance.

Art. 3. Des comités de bienfaisance seront organisés dans tous les ressorts des justices de paix du royaume, de manière à donner des secours à domicile, du travail, de bons avis, de bons exemples, à la classe indigente. A ces comités seront adjoints des visiteurs et sous-visiteurs des pauvres.

Art. 4. Une loi sera présentée aux Chambres, afin que le gouvernement soit autorisé à faire union de crédit en bons royaux, jusqu'à concurrence de trente millions, entre le Trésor public

et les obligations de toutes les personnes bien-
faisantes du royaume.

L'auteur a l'intime conviction qu'il est dans
le devoir de la royauté constitutionnelle de profiter à la Bourse de Paris, contre les spéculateurs qui travaillent à la baisse de toutes les
valeurs, de profiter des effets que produirait la
présente ordonnance pour la hausse du crédit
public. La Bourse de Paris est un premier foyer
de la conspiration ourdie contre l'intérêt, le
bonheur et la gloire de la France ; le Roi, en
gagnant dans cette opération personnellement
quelques millions sur ceux qui travaillent à la
détresse publique, obtiendrait le triple avantage
de faire subir à ses ennemis de légitimes représailles, de s'enrichir des dépouilles de ceux qui
veulent dépouiller Sa Majesté, et d'obtenir d'immenses moyens de bienfaisance et de vraie popu-
larité. Les moyens d'harmonie présentés ici ne
sont qu'une faible portion d'un plan général
d'harmonie qui eût assuré le triomphe des intérêts, le bonheur et la gloire de la France aux
temps de Louis XVI, de Napoléon, de Louis XVIII
et de Charles X ; ils assureraient les mêmes avantages au règne de Sa Majesté le Roi actuel.

Sans des mesures analogues à celles qui sont
proposées, et qui tendent à unir tous les in-

térêts que la conspiration travaille activement à opposer les uns aux autres, il n'y a véritablement aucune raison pour que le Roi actuel ne soit point réduit aux rigoureuses conséquences de l'impuissance et du parjure, comme l'ont été depuis quarante années tous nos chefs, prédécesseurs de Sa Majesté.

Plan d'une loi qui est la conséquence rigoureuse de l'état actuel de la France et de l'univers, ainsi que des considérations exposées dans ce XXIe. tome.

Art. 1er. Tous les titres de rentes, soit publiques, soit privées, pourront être, au gré des détenteurs légitimes, mobilisés et librement admis par la simple voie d'endossement dans toutes les transactions pécuniaires.

Art. 2. Toutes les lois applicables à la propriété légitime et à la garantie des effets de commerce et de crédit, le seront aux titres de rentes mobilisées.

Cette loi pourrait créer en France un capital de circulation égal à quatre milliards, sans que l'on eût à craindre le renchérissement des objets de première nécessité.

Cette mesure donnerait une grande impulsion

à tous les travaux utiles ; le titre d'une rente bien hypothéquée et dont le détenteur ne peut être dépouillé par une circonstance indépendante de sa volonté, serait véritablement un signe d'échange préférable à tous autres ; il éviterait beaucoup de tentatives criminelles qui ont lieu pour s'emparer de l'argent du gouvernement. Ce qui vient d'avoir lieu à Rambouillet n'est qu'un indice, qu'une espèce de coup d'essai du plan des conspirateurs qui travaillent à organiser une espèce de Vendée et de chouannerie sur tous les points de la France, que la pénurie d'argent va désespérer.

Suivant le *Moniteur* du 10 octobre, le Roi exprime des sentimens dont la mesure proposée est la conséquence rigoureuse. Sa Majesté, dans sa réponse à l'adresse des députés, incline vers l'abolition de la peine de mort ; l'ordre social doit trouver dans l'activité des travaux, mère de toutes les vertus, une garantie qui remplisse avec avantage l'espèce de lacune que laisserait dans notre organisation sociale cette abolition.

Un roi national est obligé de ne point laisser manquer sa nation des capitaux qu'il est urgent et facile de lui procurer ; un roi humain, un roi vrai successeur de Henri IV, est tenu d'appliquer au bien de l'humanité, avec les lumières de nos temps modernes, les magnanimes conceptions que ce grand prince s'était mis en position de réaliser. Le Roi, pour cela, doit pouvoir disposer librement d'un milliard, s'il le faut, parce qu'il s'agit de déjouer une conspiration qui déjà fait perdre à la France quarante milliards ; parce qu'il s'agit d'opérer des améliorations dont le capital serait encore de plus de quarante milliards. Nos belles gardes nationales, en s'armant, en s'équipant, en s'exerçant, réclament un supplément de moyens de fortune, sinon leur fortune déclinera. L'activité des industriels exige que l'instrument universel de reproduction, le crédit, ne manque point des signes qui le représentent. Une confiance publique qui n'est point représentée par des signes publics manifestement productifs, manifestement proportionnés à tous les besoins, n'est qu'une confiance équivoque, imparfaite. Le Roi parle des progrès de l'agriculture, de son importance pour la richesse nationale, mais l'agriculture, avant d'avoir un grain de blé, un litre de vin, un kilogramme de laine et autres produits analogues en 1831, devra dépenser plus de six milliards. Si l'agriculture ne peut dépenser, elle ne peut reproduire ni conserver ; ses nombreux agens deviendront des instrumens dociles sous l'influence des conspirateurs.

Dans les vingt-un volumes que j'ai composés

invariablement pour le bonheur et la gloire de la France, il n'est pas une seule ligne qui ne puisse être justifiée par les paroles solennelles du Roi, parce que l'intérêt, le bonheur et la gloire dépendent essentiellement de nos lois divines et humaines, qui sont préexistantes, supérieures et survivantes à toutes les formes de gouvernement. Quand la défiance, le discrédit, la stagnation, l'exportation de l'argent surviennent, le pauvre est en danger de mourir de faim sur son grabat, le trésor de l'avare est en danger d'être pillé, l'honnête négociant, avec cinq cent mille francs d'actif et moitié de passif, se trouve exposé à faire faillite. Enfin, la perception des impôts nécessaires devient insuffisante ou impossible; le Roi se trouve en danger d'être tué ou chassé.

Sire, la bienfaisance est un grand moyen d'unir et mettre en harmonie tous les États. V. M., sa famille, ayant le plus grand intérêt à faire cesser un désordre ruineux, V. M., sa famille, ont donc aussi le plus grand intérêt à l'adoption et à l'application constante des moyens nécessaires.

J'offre à V. M. d'exécuter, dans le ressort de sa résidence royale, le plan d'ordonnance de charité et de bienfaisance qui était la conséquence des sermens de Charles X et du Dauphin.

Il est encore la conséquence des sermens de V. M., de son fils, de notre droit public européen, et des vérités éternelles qui en sont le fondement.

L'application générale du plan ci-joint d'ordonnance, augmenterait de plus de trois millions le revenu des propriétés de votre famille, et de plus de cent millions leur capital. Il doublera les facultés des contribuables.

Si l'on néglige encore de m'accorder l'autorisation, l'appui que j'invoque, comme on l'a déjà négligé sous Charles **X**, sans donner un motif plausible, j'aurai une nouvelle preuve de l'ascendant de la conspiration que je dois me hâter de révéler.

LIVRE CXXX.

CONSPIRATION OURDIE POUR LA MORT OU L'EXPUL-
SION DU ROI, DE SA FAMILLE ET DE SES PLUS
FIDÈLES SERVITEURS ; POUR LA RUINE DE PARIS
ET LE DÉMEMBREMENT DE LA FRANCE.

MOYENS D'ANÉANTIR CETTE CONSPIRATION,

TRACÉS LE 15 SEPTEMBRE 1830.

SIRE,

Par les effets d'une vaste conspiration, Votre Majesté, sa famille et ses plus fidèles serviteurs, sont destinés à une mort ou à une expulsion non moins certaines que celles qui depuis
quarante années ont frappé tous nos chefs : cette
mort ou cette expulsion doit être suivie de la
ruine de Paris, du démembrement de la France
et des plus grands malheurs pour les humains en
général.

La conspiration dont je vais essayer de révéler

les traits qui sont à ma connaissance, ne peut être anéantie qu'autant qu'elle sera étudiée dans ses causes, ses ressorts et son but les plus secrets, et que les conspirateurs seront généralement désarmés.

Les causes de la conspiration sont des intérêts, des ambitions aussi difficiles à concilier qu'à désarmer : ses ressorts sont étendus depuis les sublimités des trônes et des autels jusqu'aux repaires des mendians et des malfaiteurs ; son but est, je le répète, la mort ou l'expulsion de Votre Majesté, de sa famille et de ses plus fidèles serviteurs, la ruine de Paris, le démembrement de la France. L'on ne pourra douter de ces assertions, si l'on veut m'entendre, m'interroger et connaître des vérités que je ne puis tracer dans ce livre.

Quiconque se croit intéressé à troubler ou changer l'ordre actuel est, peut-être même à son insu, l'un des agens de la conspiration : je dirai avec toute vérité qu'elle est essentiellement anarchique s'il est vrai que la dernière révolution, qui vous a porté au trône, ait pour but le retour à l'ordre légal et constitutionnel ; autrement, ce serait dans votre administration que se trouverait l'anarchie. Le jugement de l'univers est en suspens.

Si tous les Rois et le Pape ont sincèrement reconnu, approuvé l'avènement de Votre Majesté, il y a dans cette reconnaissance un héroïsme étonnant, un effort surhumain de religion, un grand progrès de lumières ; mais il est impossible qu'il n'y ait point dans les cours des souverains et dans celle du pontife des agens même peu discrets de la conspiration. Nos princes, nos prélats, nos courtisans déchus, sont évidemment intéressés à renverser l'ordre actuel. Les déclarations de vos ministres, Sire, présentées dans le rapport fait aux Chambres, d'après les ordres de Votre Majesté, donnent à penser que des congréganistes, qui n'ont de la religion que les apparences, sont de puissans ressorts de la conspiration ; ils ébranlent les masses populaires. La souveraineté, l'empire des majorités étant proclamés, il est naturel que les ennemis de l'ordre tâchent de s'emparer de cette redoutable souveraineté, pour en tourner l'action contre ceux mêmes que la loi actuelle autorise à diriger cette même action.

Un intérêt plus vif encore que celui des trônes, des autels et de leurs accessoires compliqués ou divergens, conspire ouvertement à la Bourse de Paris, à celle de Londres et des grandes places du monde civilisé : cet intérêt est celui des spéculateurs universels à la baisse qui viennent de prélever d'immenses bénéfices sur ceux qui ont eu

confiance dans le règne de Votre Majesté. Dans
les États libres surtout, richesse étant pouvoir,
si les conspirateurs sont les plus riches, ils seront
à la longue les plus puissans : la Bourse offrira
le thermomètre des forces de la conspiration,
comme celui de votre légitimité.

Les moyens de fortune qui eussent assuré le
triomphe de Charles X et du Dauphin, assureraient le triomphe de Louis-Philippe, roi des
Français, et celui de son héritier présomptif, le
duc d'Orléans. Napoléon, Charles X et le Dauphin se sont perdus pour avoir négligé ces moyens:
j'en ai les preuves irrécusables; Louis-Philippe et
le duc d'Orléans se perdront infailliblement, s'ils
continuent, eux et leurs conseils, à négliger des
moyens analogues. La royauté, frappée au cœur
dans la personne de Charles X, est loin d'être
guérie de sa blessure dans la personne de Louis-
Philippe. Le crédit étant plus que jamais l'âme
de l'État constitutionnel, le discrédit en est la
mort ; les conspirateurs le savent.

Comme Rois et chefs d'une puissante monarchie, je vois les princes de votre maison dénués
des moyens qui doivent les préserver des conséquences de l'impuissance et du parjure; comme
chefs des citoyens français, Louis-Philippe et ses
fils ont, dans l'ordre actuel, une fortune immense, qui fera plus d'ombrage aux masses répu-

blicaines que n'en firent jadis les vertus d'Aris-
tide, l'esprit d'égalité du père de Votre Majesté ,
la dévotion de Charles X ; en un mot, Sire, vous
ne pouvez lutter à forces à-peu-près égales contre
les anarchistes, qu'au moyen d'une réserve de
cent vingt millions, qui vous rende protecteur
et modérateur suprême du crédit. Par la même
opération, vos peuples, obtenant, à trois pour
cent, l'argent qu'il leur faut, seront portés à s'i-
dentifier avec votre maison, et à regarder ceux
qui en sont les ennemis, comme leurs ennemis
directs.

Par ces moyens et ces qualités, Sire, Votre Majesté, groupant autour d'elle et détachant des conspirateurs les intérêts des masses laborieuses, elle
s'en fera un lévier avec lequel Votre Majesté ébran-
lera le monde à son gré plus sûrement que ne put
le faire Napoléon. Qu'il vous souvienne, Sire, que
ce génie se plaignait dans tout le cours de son
règne de l'activité des ressorts anarchiques. Il
ne put les comprimer par les immenses développemens de ses forces et de ses talens militaires.
Je lui ai, depuis 1807 jusqu'en 1813, prouvé
qu'il ne pouvait triompher qu'en qualité de protecteur et modérateur suprême du crédit. Le duc
de Wellington et M. de Metternich, en le pri-
vant très habilement de ces qualités, l'ont vaincu
et fait mourir prisonnier à Sainte-Hélène ; mais

ce n'a point été sans de grandes calamités pour les États et l'humanité.

Charles X, victorieux par ses armées en Espagne, en Grèce, en Afrique, fut dominé dans son intérieur par les habiles agens de la conspiration qui circonviendront infailliblement Votre Majesté. Ces habiles conspirateurs tâchent de séparer le Roi citoyen du peuple français, comme jadis ils en séparèrent feu votre père et toute votre famille; ils vous en sépareront de même. Ils ont rendu Charles X coupable de nombreux dénis d'audience et de justice; ils l'ont précipité dans l'abîme d'impuissance et de parjure; ils vous y précipiteront de même, Sire !

Un fait, et vos actes solennels m'autorisent à tenir ce langage à Votre Majesté. En 1825, je vous adressai par la médiation de M. Pelard, receveur de vos fermes, et par celle de M. le baron Athalin, votre secrétaire intime, mon livre intitulé : *Sort des Bourbons,* parti *proportionné aux vœux de Charles X.* Une lettre de M. le Baron atteste cette vérité, cependant je ne pus obtenir audience de Votre Altesse Royale. Dès cette époque, Sire, vous étiez à même d'apprécier les circonstances qui devaient faire déchoir les Bourbons de leur rang suprême, comme je les appréciais moi-même dans le livre précité. A cette époque, la plus parfaite harmonie existait entre votre famille et la famille régnante. Cette famille de Votre Majesté faisait partie essentielle de la triple famille des Bourbons, dont j'expliquais les dangers et les moyens de triomphe. Si Votre Altesse Royale alors n'eût pas été circonvenue par les habiles conspirateurs qui veulent la perte des Bourbons en général, Votre Altesse Royale eût daigné entendre les vérités et les moyens que j'offrais authentiquement pour le salut et le triomphe de Charles X, alors chef auguste des Bourbons. Le duc d'Orléans, en 1825, pouvait et devait être le sauveur de l'État; maintenant je suis d'autant plus fondé à réclamer contre tous dénis d'audience et de justice.

C'est une vérité, Sire, que dès l'époque de la lettre de M. le baron Athalin, en 1825, le duc d'Orléans fut circonvenu par d'habiles conspirateurs qui le privèrent d'accomplir ses devoirs envers son Roi, sa famille, sa patrie. Vous fûtes toujours et vous êtes encore incapable de parjure; mais les conspirateurs vous rendirent impuissant comme premier prince du sang; l'état matériel de Paris, de la France et celui de l'univers, prouvent que les mêmes conspirateurs doivent vous rendre impuissant comme Roi. Cette impuissance ne pourrait manquer d'être suivie de la mort ou de l'expulsion de Votre Majesté. Il faut donc, pour conserver Votre Majesté, que la fidélité de tous les Français concoure à lui donner une puissance suffisante pour triompher de l'anarchie, du discrédit et de la conspiration.

Si Votre Majesté n'obtient le degré de puissance nécessaire pour maintenir l'ordre et la liberté qu'elle a promis, le triomphe des conspirateurs, le sort de Louis XVI, celui de Napoléon, de Charles X, sont inévitables. D'abord les sermens de fidélité, d'obéissance des sujets, rendent indispensables la base, les garanties que la puissance et la fidélité du prince lui-même doivent leur présenter. En ce moment, Sire, 15 septembre, les conspirateurs ébranlent fortement ces bases; et ces bases étant ébranlées, voici ce qui arrive :

La conspiration a pour auxiliaires ceux qui se croient d'autant meilleurs citoyens qu'ils ont une haine, une jalousie ou un mépris plus violent contre grande partie de leurs compatriotes; la conspiration a pour auxiliaires ceux qui se croient d'autant meilleurs catholiques qu'ils forment un schisme plus prononcé avec majeure partie des chrétiens; d'autant meilleurs royalistes qu'ils troublent avec plus d'habileté ou d'audace le sein du royaume; d'autant meilleurs Français qu'ils déchireront plus impitoyablement le sein de la France; d'autant meilleurs financiers ou spéculateurs qu'ils contribuent plus activement au discrédit; la conspiration a pour auxiliaires tous les débiteurs gênés, tous les créanciers qui ne peuvent être payés, en un mot, tous ceux qui se trouvent mécontens de leur position actuelle, et le nombre en est grand. La fidélité, Sire, à votre personne et à votre famille, l'obéissance aux lois du royaume, non seulement exigent que je tienne ce langage, mais encore l'article 103 du Code pénal m'en prescrit le devoir rigoureux, comme il me le prescrivait à l'égard de Napoléon, de Louis XVIII et de Charles X.

Les événemens n'ont que trop prouvé que je n'ai trahi aucun de ces chefs en leur révélant les dangers dont ils étaient entourés; ce qu'il y a de remarquable, c'est que la plus grande partie des conseillers de ces chefs m'ont fait les mêmes objections dont les mêmes catastrophes ont démontré la fausseté. Sous votre règne, Sire, les mêmes objections pernicieuses seront reproduites.

La conspiration que je suis obligé de révéler n'a plus pour chefs Pitt et Cobourg, mais on dit W........., P..., M......... et leurs amis. L'un craint que le nouvel effort de notre nation ne rétablisse notre puissance maritime, et l'autre notre puissance continentale; ce serait encore pour l'un et l'autre un triomphe s'il ne restait pierre sur pierre à Paris, et si la France était démembrée comme en fut jadis formé le plan que vous vous rappelez, Sire, avoir combattu dans votre jeunesse. Cette conspiration est encore la même que celle qui vous fit exiler de France, et qui vous eût fait mettre à mort en 1794, comme y fut mis votre père. Quels que soient nos chefs, c'est une conspiration permanente contre notre puissance, notre stabilité, notre crédit, nos gages de victoire.

Je crois en avoir dit assez pour être compris de Votre Majesté, si les conspirateurs ne la circonviennent comme ils avaient habilement circonvenu les chefs vos prédécesseurs ; si cela est, je n'en ai encore que trop dit pour mon repos et ma sûreté. Encore une fois, Sire, les conspirateurs obtiendront un tel ascendant qu'il sera de fait plus avantageux de trahir son chef et son pays que de les servir fidèlement. Plaise au Dieu qui doit protéger la France que ses chefs ne soient plus coupables de funestes refus d'audience et dénis de justice, relativement aux suprêmes intérêts de l'État.

Je crois avoir été fidèle et dévoué, non sans péril, à mes chefs et à mon pays, tant qu'ils ont offert la moindre base à ma fidélité. En général, l'on a horreur des sermens contradictoires; je voudrais que les conspirateurs ne m'obligeassent point à faire un serment contradictoire avec celui que je vous prête. L'esprit du siècle, dans les

plus grandes villés comme dans les moindres ha-
meaux, est : l'on ne doit être fidèle qu'au chef
qui donne lui-même l'exemple de la fidélité par
l'accomplissement régulier de ses obligations solennelles.

Si les chefs étrangers de la conspiration,
MM. de W. et de M. prouvent qu'ils savent
mieux, dans l'intérêt de leur pays et de l'humanité, accomplir leurs obligations que vos
ministres ne sauront accomplir les leurs, Votre
Majesté et ses ministres seront à la discrétion des
conspirateurs ; si, au contraire, Votre Majesté et
ses ministres font preuve d'un génie et d'un courage supérieurs, les chefs de la conspiration tomberont à vos genoux, et leurs agens secondaires
seront facilement désarmés.

Il n'est, Sire, que la diffusion des lumières
qui puisse éclairer la marche ténébreuse des conspirateurs ; et, comme ils le savent, ils travaillent,
ils paient, afin que cette même diffusion des lumières produise chez nous l'anarchie. Leurs ennemis jurés sont les amis de l'ordre que Votre
Majesté tend à établir ; ils se serviront des in-
cendiaires, des assassins, des empoisonneurs,
des fauteurs de guerre civile, des forçats, des
banqueroutiers, des usuriers, des prolétaires,
des monopoleurs, des calomniateurs, de tout ce
que la société a de plus vil ; dans leurs idées,

la prétendue restauration du trône et de l'autel purifie, sanctionne tous les moyens qui peuvent contribuer au succès.

Comme il est toujours plus facile de faire régner l'anarchie que l'harmonie, les conspirateurs et leurs adhérens ont de grands avantages sur Votre Majesté et ses ministres ; ils peuvent, Sire, nous faire assassiner, empoisonner, cela serait conforme à leurs erremens. Nous ne pouvons user de représailles, car, par là même, nous violerions les principes qui font notre puissance ; je dis nous, parce qu'en faisant la présente révélation, j'attache mon existence à la vôtre. C'est toujours trahir les peuples et leurs chefs que de les flatter, les entretenir dans les erreurs qui doivent compromettre leur repos, leur fortune ; ce serait trahir Votre Majesté, que de lui annoncer comme le font plusieurs députations, que l'immense majorité des Français vous est acquise. Des conspirateurs à large cocarde tricolore pourront tenir ce langage afin de détourner Votre Majesté du devoir impérieux de conquérir cette majorité. Vous avez, Sire, comme vos prédécesseurs, beaucoup à faire pour que cette immense population soit en harmonie avec votre puissance.

Tous les souverains du continent avaient reconnu Napoléon ; tous ceux de l'univers avaient

félicité Louis **XVIII** et Charles **X**. Ces reconnais-
sances, ces félicitations, n'ont point arrêté la
marche des conspirateurs qui ont renversé ces
potentats ; de pareilles formules n'arrêteront
point les conspirateurs actuels qui travaillent à
vous renverser, à priver la capitale et la France
de votre appui, pour les ruiner définitivement.

Les bruyantes acclamations populaires doivent être maintenant appréciées à leur juste valeur ; tous les chefs de France les ont obtenues
sans qu'elles les aient préservés de catastrophes
réitérées. Les bénédictions intimes d'un peuple
qui a la conscience de sa force et de sa sécurité,
de sa richesse et de son crédit, voilà ce que les
conspirateurs craignent ; ce sont de telles bénédictions qu'il est urgent d'obtenir ; ce sont elles
qui désarmeront sans effort et sans éclat les agens
secondaires de la conspiration, et qui laisseront
les chefs isolés devant vous.

La hache du bourreau de Paris, les feux de la
garde nationale et municipale, ne peuvent rien
contre ces chefs ; de bons écrits et vingt millions
habilement dépensés en mesures secrètes par une
bonne diplomatie et une bonne police auraient
beaucoup de puissance : il faudra donc toujours
que nos chefs puissent moins punir que désarmer
par l'éclat de la vérité salutaire pour tous.

Sans une telle puissance, les conspirateurs

continueront à faire de nous, comme ils l'ont fait depuis quarante ans, de sanglantes victimes ou de tristes jouets. Des faits personnels que je révélerai si l'on me promet d'agir envers les prévenus avec clémence, des faits qu'il serait imprudent de retracer ici, m'autorisent à répéter que la royauté, frappée au cœur dans la personne de Charles **X**, est loin d'être guérie de sa blessure dans la personne de **S. M.** Louis-Philippe, et que le Roi actuel des Français, avec les institutions défectueuses qui nous régissent ou plutôt nous laissent dans l'illusion, ne peut éviter le sort de ses prédécesseurs tués ou chassés. Pour désarmer sans retour les conspirateurs, entrons avec une véritable énergie dans les garanties de la confiance, du crédit et des facultés populaires unanimes.

L'on est venu au secours des pauvres ouvriers de Paris en consacrant, par la méthode vulgaire, une modique somme ou un crédit de cinq millions, à vivifier des travaux languissans. Probablement l'on jugera devoir employer un crédit décuple à secourir le petit commerce, la petite industrie, que l'on peut généralement nommer populaires. L'on se met en situation, par de telles mesures, de faire union de crédit avec la masse du peuple de Paris, qui s'est montrée si énergique et si généreuse dans la mémorable semaine. Par ces mesures, dès qu'elles seront complètes et proportionnées aux besoins, l'on serait en situation d'empêcher que les hauts conspirateurs qui visent à s'emparer de l'esprit du peuple, ou du moins à l'exaspérer, n'obtinssent un succès décisif ; mais il faudrait pour cela que l'union de crédit fût constamment proportionnée aux besoins et au degré de confiance que mérite ce peuple de héros ; il ne faudrait pas entrer dans l'union de crédit, de facultés, d'un pas timide et défiant, incertain et précaire, si l'on veut enfin que le peuple de Paris et celui de toute la France soient plus constamment dévoués au Roi actuel, qu'ils ne le furent au feu duc d'Orléans, son père.

Cette question est grave, Sire, elle est pour Votre Majesté une question de vie ou de mort, de triomphe certain ou d'opprobre inévitable.

Louis-Philippe, intimement uni au peuple français, désarmerait les conspirateurs, les ferait tomber à ses pieds, serait le Roi des Rois ; Louis-Philippe, séparé de sa nation, tombera victime de ces mêmes conspirateurs, et sera traité comme un vil usurpateur. Le sentiment profond de la vérité, premier besoin des princes et des peuples, me donne le courage que j'aimerais avoir à justifier devant la Cour des pairs.

Les conspirateurs veulent arrêter la marche du

siècle, à la tête duquel Votre Majesté est lancée, comme y furent Charles X, Louis XVIII, Napoléon, Louis XVI. Les conspirateurs sont enhardis par leurs précédens succès; ils sont expérimentés et riches beaucoup plus que ne l'est Votre Majesté; ils ont donc pour eux toutes les nouvelles chances favorables, si Votre Majesté consent à se laisser priver des nécessaires ressources que lui offrent en grande abondance nos lumières modernes.

Sire, le peuple, dans son premier élan de victoire, est prêt à vous élever au-dessus de la région des tempêtes politiques, par lesquelles les conspirateurs, toujours jaloux, s'apprêtent à vous ébranler, après avoir comprimé ou troublé l'élan généreux qui vous soutient. L'on peut identifier en votre personne auguste la force des temps modernes et celle des plus antiques dynasties : avec cette force compacte et les milliers d'écrivains qui lui serviront d'éclaireurs, les millions de lecteurs qui lui serviront d'agens, osez reprendre le grand œuvre de l'harmonie véritablement chrétienne que Henri-le-Grand, sublime allié d'Élisabeth d'Angleterre, avait mis dans un état de progression qui élevait la nature humaine vers l'immortelle science. Devant ce grand œuvre, aidé par le génie du siècle, s'évanouira tout ce que peut avoir encore d'impur celui de la congrégation jésuitique; votre crédit deviendra celui du monde civilisé.

Si une ligue de conspirateurs était encore assez puissante pour vous faire subir, par un assassinat, le sort de Henri-le-Grand, vous avez un fils plus digne que Louis XIII de continuer le grand œuvre de la paix universelle. Vous avez plusieurs fils, Sire; le titre de bienfaiteur du genre humain, que vous leur léguerez, sera le plus légitime de tous, puisqu'il sera le plus conforme à la prospérité générale. Bientôt les peuples sachant que, par votre salutaire influence, l'on pourra dire avec la plus entière vérité : plus de conscription, plus de droits réunis; tous les peuples vous porteront dans leurs cœurs, et vous protégeront mieux qu'ils ne surent protéger Henri IV. Il est certain que l'ignorance de l'avenir put seule offrir un prétexte au fanatisme de Ravaillac; vos amis et vos ennemis, Sire, sont beaucoup moins ignorans. Dès que Votre Majesté sera vraiment en situation de bien récompenser et de ne rien laisser impuni même après votre mort, tous vous serviront, nul conspirateur ne voudra tuer ou faire tuer Votre Majesté; nul conspirateur n'est à dédaigner, car le plus vil a un couteau. Les moyens de triomphe doivent donc suivre la conspiration dans tous les rangs.

Pour votre salut, votre triomphe, et pour les

nôtres, de grâce, Sire, relisez les mémoires de Sully, traduits en style moderne par l'abbé de l'Écluse; les négociations qui furent conclues sont le plus beau des modèles à suivre. Les universels regrets qui honorèrent la mort de votre illustre aïeul sont, après sa magnanime conception, le plus beau des triomphes qui puissent élever un mortel vers son divin créateur. Osez, Sire, osez élever **Votre Majesté** vers ces hautes dignités du génie humain; tous les écrivains, tous les lecteurs vous y soutiendront au-dessus des imitateurs de Pitt, au-dessus des imitateurs de Ravaillac, au-dessus de toutes les ligues comme au-dessus de toutes les congrégations. Le Pape serait un être évidemment indigne, s'il ne soutenait Votre Majesté dans le grand œuvre de l'harmonie chrétienne, principe, modèle et garantie de l'harmonie universelle.

Par cette marche seule, Votre Majesté peut anéantir une conspiration qui, n'étant point vulgaire, ne pourrait être anéantie par des moyens vulgaires; elle est générale, et ne peut être anéantie que par des moyens généraux.

Les agens nombreux de la conspiration que mon devoir est de signaler, ne manqueront pas d'exciter la jalousie des souverains contre Votre Majesté, mais il vous sera facile, tant par lettres autographes que par ambassadeurs, d'anéantir

la jalousie elle-même, et dans l'intérêt propre
des souverains. Les traités et déclarations de Paris, Vienne et Aix-la-Chapelle, ayant, pour
le repos, le bonheur et le crédit universels des
États, rétabli le grand œuvre de Henri IV, en
prenant le ciel et la terre à témoins de leur sincérité; de nouvelles déceptions ne peuvent être
entreprises qu'autant qu'il n'y aurait personne
d'assez éclairé, d'assez énergique pour les signaler. Votre Majesté, ses **fils**, ses amis fidèles,
ses Parisiens, ses Français, ont besoin d'unir
toutes ces facultés. Plusieurs milliers d'écrivains,
plusieurs millions de lecteurs, sur tous les points
du globe, seront, d'après cette union, les dignes
représentans des intérêts vraiment populaires, et
ces intérêts seront les vôtres; ces intérêts seront
tout-puissans contre ceux des conspirateurs et
des jaloux. L'on sera bientôt à même de prouver
aux souverains, que les républiques universelles
doivent être les conséquences rigoureuses de l'impuissance ou du parjure des grandes monarchies.
La foi des traités et des déclarations pour le repos
et le crédit réciproques des États, oblige le Roi
des Français à d'énergiques représentations ap-
puyées d'un grand concours de facultés; mais en
lui imposant cette obligation, elle lui offre des
moyens décisifs de succès.

On se plaint en France, et surtout à Paris,

qu'il y a beaucoup plus d'aspirans aux places qu'il n'y a de places à donner. Dans le désordre actuel, les fonctionnaires insermentés ou déchus ne peuvent manquer d'être ou de se croire intéressés au retour vers l'ancien ordre de choses ; les aspirans repoussés dans leurs diverses prétentions ne peuvent manquer de grossir la cohorte des mécontens ; les conspirateurs, à leur tour, ne peuvent manquer de tâcher de se faire de nombreux agens dans cette cohorte. Outre les considérations précitées, qui détacheraient de la cohorte des mécontens tous les hommes tant soit peu éclairés, je dois présenter une considération péremptoire, qui est celle d'améliorations possibles, jusqu'à concurrence de douze cents millions de revenus. J'en ai développé les preuves irrécusables. Ces améliorations, qui feraient que l'abondance précéderait toujours l'accroissement de la population, ne peuvent s'opérer qu'au moyen d'un grand nombre de nouveaux fonctionnaires d'utilité, de crédit publics. Il en sera besoin sur tous les points du royaume. Entre autres considérations fort puissantes qui feront sentir l'importance de ces améliorations et leur ascendant contre toute espèce de conspiration intérieure ou extérieure, je citerai très rapidement les considérations suivantes :

Sur tous les points, les agens d'amélioration et

de crédit publics seront les adversaires naturels des conspirateurs, parce que les succès de ces conspirateurs ne pourraient manquer de comprimer les développemens de l'intelligence et du travail, de l'utilité et du crédit publics. D'un même coup-d'état, le gouvernement affranchirait l'administration d'une tourbe de mécontens qu'il est impossible de satisfaire dans l'ordre ou le désordre actuel, et il opposerait sur tous les points l'agent d'utilité et de crédit à l'agent de conspiration et de congrégation. Tous les hommes de la dernière catégorie, qui ne sont qu'égarés par aveuglement, serment, amour-propre ou autre intérêt tant soit peu légitime, se rallieront; les rebelles obstinés n'auront plus la moindre influence ni dans les cours, ni dans les ateliers, ni dans les églises, ni dans les confessionnaux.

Le vrai christianisme de saint Vincent de Paule, de Fénélon, de Malesherbes, de Cheverus, fut ennemi des conspirations et l'ami des consolations dues à l'humanité souffrante. En combinant les devoirs religieux et ceux d'utilité, l'on arrivera bientôt à combiner la foi chrétienne et le crédit national, à les unir en faisceau tout-puissant contre toutes espèces de discordes civiles ou religieuses. Les vœux, les regrets exprimés dans le rapport fait aux Chambres par le ministre de l'intérieur, seront justifiés par un meilleur ordre de choses civil et religieux, et surtout par des consolations et des améliorations palpables.

S'agit-il de conserver notre force continentale ou maritime? La France aura toute facilité lorsque ses revenus, améliorés d'une somme annuelle de douze cents millions, se prêteront naturellement et librement à un surcroît d'impôt de deux cents millions et à des emprunts de cinq cents millions à trois pour cent. En politique comme en religion, la foi, la confiance opèrent des prodiges ; elles en feront pour la gloire et le bonheur du règne présent, si le Roi des Français est assez bien instruit pour déjouer la conspiration obstinée à détruire chez nous tous les élémens de gloire et de bonheur. Sur tous les points, un concours immense de facultés diverses lui est donc nécessaire.

La *Gazette* dite *de France*, ou plutôt de MM. de Villèle, de G...... et C....., ne cesse point d'être, au gré des cabinets jaloux de notre puissance maritime et continentale, l'organe, la missionnaire des conspirateurs internes ou externes. Je viens de parcourir son numéro du 22 septembre; si j'ajoutais foi à son contenu, je vendrais les fonds publics et les propriétés que je puis avoir dans mon pays, je congédierais au moins tous mes ouvriers, et je me tiendrais prêt à quitter une patrie menacée d'un régime révolutionnaire encore pire que celui de 93 ; mais, sans se laisser effrayer des sinistres présages au moyen desquels cette gazette veut nous aveugler, nous glacer, sachons y puiser d'utiles documens pour le salut, le triomphe du Roi et de la France. La *Gazette* a loué, provoqué autant qu'elle l'a pu faire, le système des ordonnances du 25 juillet 1830, celui qui a produit les meurtres du quartier Saint-Denis, le licenciement de la garde nationale parisienne, en 1827 ; cette même feuille n'a cessé de louer le comte de Villèle et les premiers ministres d'Angleterre et d'Autriche, elle est fidèle au prétendu grand citoyen, le comte de Villèle. Les variations de la *Gazette* ont d'ailleurs suivi celles de l'intérêt ou de la politique de la Grande-Bretagne ; même après la révolution qui a donné la couronne au Roi libéral et patriote que nous avons, le libéralisme et le patriotisme, les couleurs tricolores, n'ont point cessé d'être l'objet de ses amertumes et de ses dégoûtans sarcasmes.

La dévote *Quotidienne* a présenté, dans le cours de la présente année 1830, un article intitulé en gros caractère : *couardise des libéraux*. Sans doute il a été lu et relu avec plaisir chez ceux qui préparaient les coups-d'état militaires à la cour de Charles X ; si la *Quotidienne* a voulu trahir, elle a réussi : si elle a voulu servir, elle a échoué lourdement.

Les deux feuilles anti-libérales se sont divisées lorsque le comte de Villèle et le prince de Polignac ont fait parler de leur ambition réciproque de garder et de reprendre le portefeuille. Les feuilles anglaises ont pris une part habile à ces débats ; les journaux intitulés : le *Drapeau blanc*, le *Peuple*, ont été remarquables par leurs provocations.....

Je pense qu'avec des études approfondies l'on découvrirait dans les feuilles de l'opposition qui attentent au maintien du règne de Louis-Philippe, une influence étrangère, qui d'une main excite à la guerre civile, au prétendu profit du trône et de l'autel déchus, et de l'autre au prétendu profit de la république et de l'égalité absolue qui se ravivent.

Un grand moyen de démasquer et désarmer les conspirateurs serait de leur montrer, de montrer à l'univers, qu'ils ne sont que les instrumens de la jalousie étrangère pour la ruine de Paris et le démembrement de la France, pour le malheur et le désespoir qui, de chez nous, réagiront sur l'univers entier. Il n'est pas naturel qu'on veuille être artisan des misères humaines dans lesquelles on doit être soi-même enveloppé.

La baisse universelle des fonds publics, produite par les conspirateurs, signale une défiance, un discrédit universels, qui, à leur tour, occasionneront les calamités universelles que les grands souverains s'étaient obligés de prévenir, suivant les traités et déclarations d'Aix-la-Chapelle. De même qu'en ébranlant les trônes de Louis XVI et de Charles X on ébranlait tous les trônes, de même l'on contribuerait à les renverser en renversant celui de Louis-Philippe comme veulent le renverser les conspirateurs que je signale. D'importantes négociations doivent être suivies pour démontrer aux grandes monarchies que leur impuissance ne pouvant être que volontaire dans le maintien du repos et des consolations promises, cette impuissance donnera lieu tôt ou tard aux accusations de parjure. Le discrédit universel aggrave le fardeau des charges et les dispositions universelles au refus d'impôt et de suffrage.

Sire, les républiques universelles, les banqueroutes publiques et les lois agraires doivent être les rigoureuses conséquences du parjure des grandes monarchies, ainsi que je le démontre dans les vingt tomes dont je joins ici l'analyse succincte sous ce titre spécial : *La royauté frappée au cœur.* Suivant les institutions et les mesures vraiment libérales que j'indique, Votre Majesté, se relevant avec bonheur et gloire des préventions d'impuissance et de parjure, en relèverait les souverains du monde entier ; ainsi elle réaliserait cette magnanime assertion de Henri-le-Grand et de Sully : le plus grand, le plus solide avantage est de pouvoir être considéré comme le bienfaiteur de l'Europe.

Suivant les conspirateurs, Votre Majesté ne serait que le chef précaire d'une espèce de république mal couverte des lambeaux de la monarchie. Suivant les moyens que je soumets à Votre Majesté, Sire, vous pouvez être de beaucoup plus fort que ne le furent Louis XIV, Louis XVI et Napoléon, même dans les plus beaux temps de leurs règnes, parce que les vraies lumières, consolatrices de l'humanité, ont beaucoup plus d'ascendant aujourd'hui que les canons, les parchemins et les pompes ou les mysticités.

Tous les fauteurs d'anarchie qui s'apprêtent à tirer parti de l'impuissance et du parjure des princes, feront valoir les charges imposées aux peuples en hommes et en argent pour l'entretien énorme des armées permanentes, et surtout des gardes personnelles. Votre Majesté sans doute a enlevé à ces fauteurs d'anarchie un grand moyen ou prétexte de révolte par le licenciement de la garde qui n'avait pu sauver Charles X, et qui avait mécontenté le peuple par les dépenses qu'elle occasionnait ; mais il est urgent qu'une grande force

morale remplace, avec tous les avantages désirables, le sacrifice de cette force matérielle exigé
par l'esprit du siècle. C'est cette force morale qui
désarmera tous les fauteurs d'anarchie, tous les
conspirateurs, depuis les trônes jusqu'aux ateliers, depuis les hôtels jusqu'aux chaumières.

J'ai sous les yeux le tableau des gémissemens
qu'occasionne l'appel des quarante mille hommes
de recrutement forcé ou de conscription pour le
mois de décembre prochain. Les parens craignent de perdre leurs fils dans une guerre d'ex-
termination générale, comme le fut celle de
1792 à 1794. Les conspirateurs travaillent à
faire regretter le règne pacifique de Charles X,
où la conscription était préférable à l'ancienne
réquisition. Votre Majesté est suppliée de faire
une étude approfondie des moyens de recruter
l'armée active par des enrôlemens volontaires et
des bienfaits proportionnés à l'utilité des soldats ;
cette marche est indispensable pour conquérir le
peuple et l'armée. Qu'il n'y ait que des hommes
d'élite à tous égards dans l'armée active et qu'ils
aient un sort heureux ; qu'ils reviennent dans
leurs familles plus instruits, plus intelligens,
actifs et laborieux ; qu'ils sentent profondément
et qu'ils inspirent à leurs compatriotes le besoin
de l'ordre. C'est ainsi que les soldats seront des
citoyens incorruptibles et dévoués au chef qui

leur donnera des preuves de sa puissance pour le bonheur universel. Contre de tels soldats viendront échouer toutes les intrigues et les violences ; ils seront le modèle des gardes nationales, de même qu'ils en seront les respectables avant-gardes.

Sire, douze millions suffisent pour un recrutement volontaire de quarante mille hommes libres, heureux et à l'abri des séductions. Quand il faudrait vingt-cinq millions, et faire pour cet effet un emprunt de vingt-cinq millions à quatre pour cent, l'État ne serait grevé que d'un million d'intérêt. Un million n'est que la douze centième partie de l'accroissement de revenus que la France est en position d'obtenir par les libres développemens de son travail et de son industrie. Ce million n'est que la deux centième partie de surcroît que peuvent donner les impôts indirects ; il n'est pas la centième partie des cent vingt millions que Votre Majesté peut et doit obtenir de bénéfice personnel en sa haute qualité de protecteur et modérateur suprême du crédit et en celle de chef de l'association d'utilité générale.

Sire, par la marche commune, Votre Majesté n'aura que le destin commun des chefs qui l'ont précédée. Ce destin est toujours la mort ou l'expulsion ; veuillez donc innover en accomplissant vos obligations.

Il est encore une grave circonstance dont les conspirateurs cherchent à profiter pour enlever au Roi des Français les hommes et l'argent qui lui sont nécessaires, c'est la privation de cette heureuse confiance qui active le dévouement des capitalistes et la circulation des métaux. J'ai prouvé qu'en établissant cette heureuse confiance l'on pourrait donner au bon royal du prince qui veut que toute obligation soit vérité, une valeur préférable et réellement préférée à l'or et à l'argent. Les conspirateurs qui réussissent, comme en 90, 91 et 92, à faire sortir l'argent de France, vous favoriseraient d'autant plus qu'ils feraient sortir plus d'argent. En effet, Sire, l'argent va se placer où il obtient un intérêt. La France, sous Charles X, payait trente millions d'intérêt annuel à des étrangers qui avaient chez nous environ six cents millions d'argent ; que les six cents millions soient remplacés par une somme égale de bons royaux, et l'État bientôt serait affranchi d'un tribut annuel de trente millions. Les conspirateurs savent que depuis les catastrophes de 1812, 1813, 1814, 1815 et 1816, la France se trouve réduite à moins de mille huit cents millions appartenant à elle en propre ; que dans l'état actuel des choses, les conspirateurs soient assez habiles pour altérer la confiance et la circulation, bientôt les impôts cesseront en entier d'être payés comme déjà cessent d'être acquittés les droits réunis.

Que le bon royal, au contraire, par son union de crédit avec le billet de banque, serve à soutenir le crédit et les améliorations, et Votre Majesté, chef, moteur suprême de cette union, prélèvera d'immenses bénéfices sur les spéculateurs qui jouent au discrédit, à la baisse de toutes les valeurs, depuis celle de la couronne jusqu'à celle des effets publics.

Les favoris du gouvernement déchu, auxiliaires naturels de la conspiration ourdie contre le vôtre, exaltaient les avantages de la propriété ; mais, par une contradiction et par une déception qui leur étaient habituelles, ils laissaient tomber en discrédit les valeurs de la caisse hypothécaire. Les malheureux propriétaires cultivateurs étaient obligés d'emprunter à 7 1/2 p. % lorsqu'il fallait opérer une amélioration, une réparation, mettre un fils au collége ou l'envoyer, l'entretenir à l'armée. L'on disait le régime hypothécaire vicieux, et on ne le réformait pas ; l'on avait établi celui de la caisse par une ordonnance et sur des rapports qui en exaltaient de même les avantages. Cependant, malgré les efforts des conspirateurs, le crédit hypothécaire résiste mieux que celui des effets publics. C'est une précieuse indication de la solidité de ce genre de crédit ; il sera inaltéráble ; il vous offrira un grand moyen de prospérité , lorsque des hommes puissans ne pourront enfreindre les règlemens de la caisse , comme l'avait fait d'une manière si préjudiciable le duc de Raguse , maréchal Marmont.

L'union du crédit foncier et des bons royaux , comme moyen d'amélioration générale , est un puissant levier dans les mains du Roi constitutionnel des Français ; il peut faire que les ennemis de Sa Majesté ne prévaudront point contre elle. Tant qu'il y aura des hommes fidèles propriétaires du territoire, Sa Majesté pourra régner sur ces hommes et sur ce territoire, en identifiant sa fortune avec la leur. En moins de trois mois , Votre Majesté peut élever les actions de la caisse hypothécaire de 600 à 1,000 fr. , et prélever sur une grande amélioration en ce genre un bénéfice personnel de 50 millions. Les associés pour l'amélioration en auraient 350 ; le banquier des conspirateurs, le chef des joueurs à la baisse, le célèbre O...... , sera forcé de changer de rôle ou de faire revenir les bénéfices qu'il a mis en sûreté.

Rien de plus constitutionnel , de plus légitime que la guerre de bourse à faire aux spéculateurs à la baisse. Sans une telle guerre faite par une grande puissance , les spéculateurs de troubles et d'avilissement deviendront maîtres du crédit, et par conséquent de l'âme de l'État, de ses gages de victoire. Ce genre de succès non seulement est licite pour le Roi constitutionnel, mais encore obligatoire, parce qu'il y a obligation de remédier aux maux de l'usure que les conspirateurs et les baissiers ne peuvent manquer d'aggraver au point de rendre impossible le paiement de l'impôt. Le caractère personnel de S. M. Louis-Philippe et de son fils se prête beaucoup mieux à ce genre d'amélioration que ne s'y prêtaient les caractères de Louis XVIII, de Charles X et de M. le Dauphin.

Puisque Louis - Philippe et son fils aiment comme ils le doivent les industriels, ils savent que les premiers et les plus nombreux sont les cultivateurs. Ces bons Français composent plus de la moitié du peuple que le Roi a promis de rendre heureux comme l'avaient promis Louis XVI, Napoléon, Louis XVIII, Charles X. Toute la différence qui peut exister est dans l'effet de la promesse, dans la vérité de l'accomplissement.

Tous les obstacles à l'accomplissement des promesses royales proviennent de la conspiration organisée pour multiplier, aggraver à l'infini ces obstacles jusqu'à la mort ou à l'expulsion du Roi actuel, jusqu'à la ruine de Paris et au démembrement de la France. Cette conspiration est flagrante : j'admettrai volontiers qu'elle ne le soit pas, toujours serait-il encore vraisemblablement plus avantageux d'attribuer à cette conspiration le défaut d'accomplissement des paroles royales, que d'attribuer ce défaut au manque de volonté, de force, d'études, de génie, d'instruction de Sa Majesté. Les Français ont montré qu'ils ne craignent point de braver les difficultés, et qu'ils savent les surmonter lorsqu'elles leur sont bien connues. Il est du devoir de l'administration, qui veut se manifester avec vérité, d'éclairer les Français et tous les humains avec une constance imperturbable, afin que chacun suive la ligne qui doit conduire au bien général. Taire au peuple souverain l'étendue des dangers serait le trahir comme des ministres trahissent souvent les princes souverains.

Tout le corps social français et européen a besoin d'être régénéré par des lumières constantes et par un grand ensemble d'institutions, si l'on veut de bonne foi le préserver d'être entièrement décomposé par les terribles progrès de cette anarchie dont les cabinets eux-mêmes ont donné l'exemple, en négligeant d'accomplir les obligations qu'ils avaient contractées pour le repos et le bonheur du monde. Au lieu de conspirer avec harmonie pour ce repos et ce bonheur, aux termes des actes solennels, les princes n'ont que trop souvent, en violation des mêmes actes solennels, conspiré contre ce même repos, ce même bonheur. Un désordre subversif de

toute loi divine et humaine résulte nécessairement du défaut d'accomplissement des obligations
des princes chargés de présenter le principe, le
modèle et la garantie de toute espèce d'harmonie.
Ils sont tous solidaires ; les peuples le sont de
même pour l'avenir de bonne ou de mauvaise
fortune qu'ils préparent. Tout ce qui empêche
les princes souverains d'accomplir les obligations
précitées tient à une conspiration anarchique
universelle.

Les princes souverains et les peuples étant solidaires, comme je me suis fidèlement efforcé de
le prouver aux trois chefs suprêmes qui ont précédé le Roi actuel, il est de l'intérêt bien entendu
des souverains d'Angleterre, de Russie, de
Prusse, d'Autriche, d'Espagne et de tous autres,
que le Roi des Français soit riche et puissant. De
même ce prince est intéressé à la richesse et à la
puissance des autres souverains. La catastrophe
misérable de Charles X et du Dauphin est une
nouvelle blessure faite à toutes les souverainetés,
sans excepter celle des peuples. Dans cette misérable catastrophe, nous voyons le peuple de
France réduit à se mutiler, à se décréditer lui-
même au profit évident de l'anarchie et de la
conspiration, au préjudice de l'ordre universel.
Cela est tellement vrai, que subitement nombre
d'autres princes sont menacés de catastrophes ana-

logues à celle de Charles X et de son fils. Les autres peuples, à notre terrible exemple, se mutilent, se décréditent eux-mêmes.

Il est juste d'admettre qu'une ligue patente se forme contre S. M. Louis-Philippe, ainsi qu'il s'en était formé contre Napoléon ; que cette ligue, dans le feu de la guerre, tue ou chasse Louis-Philippe, ruine Paris et démembre la France : ces prétendus succès seront d'abord autant de plaies faites à l'humanité en violation des traités et déclarations de Paris, Vienne et Aix-la-Chapelle. Cette guerre coûtera bien certainement, en hommes et en argent, à chacune des parties belligérantes, plus qu'elle ne lui produira ; elle ne peut manquer d'aggraver les charges et les misères des peuples, et, conséquemment, les chances futures d'anarchie et de révolution universelles.

Que l'élu du peuple français, au contraire, soit vainqueur dans cette lutte, c'en est fait de tous les trônes héréditaires. La Grèce existe encore malgré les cruelles blessures qui lui ont été faites par tous les genres de barbarie ; mais que sont devenues les antiques dynasties des Philippe, des Alexandre, des Constantin ? Point de liberté, point de sécurité dans le monde sans harmonie. C'est un malheur universel que Charles X et le Dauphin aient refusé d'étudier les moyens d'ac-

complir leurs obligations pour l'harmonie universelle : tâchons de faire que Louis-Philippe ,
plus instruit , soit plus puissant.

Depuis la fin de juillet , tous les amis de l'ordre sont moins libres en France et dans l'univers
qu'ils ne l'étaient avant; mais tous seront encore
beaucoup moins libres et moins en sûreté, s'il y
a guerre sourde ou patente pour remettre sur le
trône de France la dynastie qui s'en est laissé
chasser faute d'étude et de prévoyance. Ces
grandes considérations d'intérêt universel sont de
la plus haute importance pour faire rentrer dans
l'ordre , pour désarmer les conspirateurs et les
anarchistes. Les effets des mêmes considérations
doivent être les conséquences rigoureuses du serment que le Roi actuel des Français , dans la
séance royale du 9 août 1830 , a prêté en ces
termes :

« Je jure d'agir en toutes choses dans la seule
vue de l'intérêt, du bonheur et de la gloire du
peuple français. »

Cet intérêt, ce bonheur, cette gloire, s'identifient avec ceux du monde civilisé, comme le
prouvent les traités et déclarations de Paris,
Vienne et Aix-la-Chapelle : par ces actes, tous
les souverains se sont obligés à faire le bonheur
général , en prenant le ciel et la terre à témoins
de la sincérité des obligations qu'ils contractaient :

elles sont indélébiles, parce qu'elles sont dans
l'intérêt universel, conforme à la sagesse éternelle, qui dit aux humains : « Croissez, multipliez; apprenez, instruisez-vous; aidez-vous, la
Providence vous aidera. »

Dans le cas où, avant le mois de juillet 1830,
le monde civilisé se serait trouvé dans un état
de bonheur conforme aux traités et déclarations
des princes qui s'obligeaient à donner et conserver ce bonheur, l'on pourrait considérer Louis-
Philippe comme veut le considérer M. le comte
de Kergorlay, dans sa lettre à la Chambre des
pairs, transcrite par la *Gazette* de ce jour 26 septembre; dès-lors la conspiration, le refus de
serment, dont le Roi des Français ne peut manquer d'être attristé, auraient des apparences de
légitimité. Mais il n'en est point ainsi, et ce que
l'on a vu dans toutes les parties de l'univers depuis la promulgation des traités et déclarations
de Paris, Vienne et Aix-la-Chapelle, leur est
tellement contraire, que l'on est forcé de reconnaître que les princes, jusqu'à ce jour, ont manqué de la volonté ou de la puissance nécessaire
pour l'accomplissement régulier de leurs obligations, contenues dans ces mêmes traités; il en résulte que l'anarchie rend toute légitimité équivoque.

Charles X et le Dauphin, comme je le leur

aurais prouvé si la conspiration permanente contre notre bonheur leur eût permis de m'entendre, Charles X et le Dauphin n'étaient point assez forts, assez riches pour accomplir leurs obligations. Ce que je disais avec une si grande vérité de ces malheureux princes, je puis le dire avec de plus grandes raisons de tous les autres princes; la même vérité prendra un nouveau degré de force si les princes, au lieu d'employer les voies diplomatiques conformes à leurs obligations de franchise, de morale et de vraie religion, emploient la force des armes ou, ce qui pis est, la honteuse fomentation des guerres sourdes ou des seules discordes intestines.

Le peuple français ne pourra manquer d'user de représailles contre ce genre odieux de guerre sourde, de conspiration honteuse.

Dès-lors la guerre prendra, dans tous ses rapports patens ou occultes, le caractère redoutable que j'ai annoncé qu'elle prendrait, dans la publication intitulée : *la Royauté frappée au cœur;* ce sera la guerre universelle des peuples contre les Rois, des peuples désespérés contre des Rois mortellement blessés.

Mieux vaut donc pour tous les princes souverains entrer franchement, énergiquement, dans la ligne tracée par leurs solennelles obligations, et acquérir, dans cette ligne, la science, la ri-

chesse, le pouvoir conservateur, que d'en dévier,
pour retomber dans les ornières des prétendues
légitimités qui dispenseraient de l'accomplissement des obligations les plus légitimes.

L'élévation de l'empereur Nicolas à la place de
son frère Constantin, est un hommage au principe des capacités, qui ont aussi leur genre de légitimité pour le repos et le bonheur du monde.
En rétrogradant vers les faits accomplis, l'on ar-
riverait à la catastrophe des Stuart et à celles de
beaucoup d'autres dynasties privées de leurs droits
héréditaires faute d'avoir accompli leurs obligations, leurs sermens. Il est de l'intérêt le plus
urgent des princes, comme des peuples, que
l'ordre des choses soit universellement accepté
tel qu'il est à la fin de septembre 1830; et qu'au
lieu de courir à une ruine générale, l'on se hâte
de faire les améliorations, les bénéfices dont chacun a besoin. L'univers doit être considéré
comme soupirant après des consolations urgentes,
que l'anarchie, l'inexécution des traités empê-
chent seules de lui donner. C'est sous un aussi
grand point de vue que je conjure l'autorité de
considérer la vaste conspiration que j'ose révéler,
et qui sape les bases de toute espèce de légitimité.

C'est encore sous ce grand point de vue que je
me crois autorisé à demander que les derniers

ministres soient jugés par les Chambres comme ils le seront par l'histoire. Charles X, trompé, aveuglé par les agens de la conspiration ourdie contre l'intérêt, le bonheur et la gloire de la France, trompa ses ministres autant qu'il en fut trompé ; il importe beaucoup moins à la France que MM. de Polignac et de Peyronnet paient de leur tête leurs égaremens, qu'il n'importe de connaître à fond dans leur procès la vaste et permanente conspiration dont ils furent les agens plus aveugles encore que coupables.

J'ai eu cinq fois occasion de parler au prince de Polignac et deux fois au comte de Peyronnet, ministre. La dernière fois, je lui ai communiqué la conversation publique d'un soldat qui avait fini son temps de service dans la garde royale. Cette communication tendait gravement à prouver au comte de Peyronnet et au Roi que, dans le mouvement populaire imminent dès le 12 juin, il ne fallait que médiocrement compter sur la troupe de ligne et même sur la garde royale. Ayant sollicité vainement audience du Roi, de M. le Dauphin, du premier gentilhomme de la chambre, du président du Conseil, à l'égard de la même vérité, j'ai quitté Paris le 20 juin, l'âme nâvrée de l'aveugle fatalité qui précipitait Charles X dans la guerre civile et l'affreux sort que j'avais osé lui annoncer en 1824. Vers la

même époque, j'obtins avec peine quelques mo-
mens d'entretien sur le même sujet, de la part
de plusieurs personnes marquantes auxquelles je
remis l'analyse de mes vingt tomes, laquelle
avait pour titre spécial : *La Royauté frappée au
cœur.... concours nécessaire*, et pour but d'é-
viter la guerre civile.

Si l'événement matériel prouve que j'étais
dans la ligne de vérité, je crois y être encore en
annonçant que le principe du mal remonte à
l'administration du comte de Villèle, et que
Charles X, le Dauphin et les derniers ministres
n'ont fait qu'en subir les conséquences. Le comte
de Villèle avait fini par rendre la France ingou-
vernable; c'est lui qui pourrait mieux que tous
autres dévoiler la conspiration dont il fut dans
les temps le principal artisan. Il est évident que
c'est l'impunité des meurtres de novembre 1827
qui a produit ceux de juillet 1830. Le comte de
Villèle, par les plus faux rapports et les plus
coupables manœuvres, avait surpris la signature
de l'infortuné Charles X pour le licenciement de
la garde nationale parisienne et pour les meurtres de novembre dans le quartier Saint-Denis.
C'est la *Gazette* du comte de Villèle qui ne cesse
de pousser comme elle l'a toujours fait à la violation du pacte fondamental, et, conséquemment, à la guerre civile; enfin, c'est le cousin

du comte de V......, archevêque de B......, qui
fomente, suivant des moyens analogues, la même
guerre civile dans le centre de la France.

Des curés, qui avaient promis de tempérer le
zèle des congrégations et la fréquence de leurs
rassemblemens, ont annoncé dans le mois d'août
dernier des ordres de l'archevêque de B......
pour activer au contraire le zèle des mêmes
congrégations. Le rapport fait aux Chambres
sur la situation de la France montre quels sont
les sanguinaires effets de ce zèle. L'étude que j'ai
faite de la conspiration permanente contre l'intérêt, le bonheur et la gloire de la France, quels
que soient nos chefs, m'autorise à offrir des
preuves plus concluantes encore que celles par
moi offertes en 1829. J'affirme avec une nouvelle
certitude que les congréganistes en général
obéissent aux curés de chefs-lieux de cantons, ces
curés aux grands-vicaires et prélats, ces prélats
au nonce du pape, ce nonce au souverain pontife, ce pontife au cabinet d'Autriche, tout-
puissant en Italie, ce cabinet à celui de Londres,
tout-puissant dans l'univers. Mais le chef du
cabinet anglais lui-même obéit à l'anarchie diplomatique qui ébranle l'univers, et à l'anarchie
civile qui ébranle spécialement les trois royaumes
de la Grande-Bretagne.

L'intérêt, le bonheur et la gloire de la France

exigent que le peuple et la congrégation soient éclairés sur ces vérités matérielles, afin que la partie égarée et de bonne foi soit séparée de la partie qui fait le mal avec pleine connaissance de cause. Il est évident qu'à la fin de septembre 1830, l'intérêt, le bonheur et la gloire de la France paraissent encore plus grièvement compromis qu'ils ne le paraissaient à la fin de septembre 1829. Dès-lors le serment de Louis-Philippe semble moins accompli que ne paraissait l'être celui de Charles X; dès-lors il est naturel que les conspirateurs permanens contre tout chef qui nous promet gloire et bonheur, aient autant de chances pour rendre Louis-Philippe impuissant ou parjure qu'ils en eurent pour réduire Charles X à ce malheureux état.

Le cours des effets publics étant en général le thermomètre de la confiance, il est triste de voir que ce cours soit d'un dixième plus bas à la fin de septembre 1830 qu'il n'était à la fin de septembre 1829; comme ce cours peut encore descendre dans le cas où Sa Majesté le Roi actuel n'aurait pas les moyens de prévenir ce discrédit, je crois urgent d'ajouter une mesure à celles que j'avais soumises à Charles X. Cette mesure consisterait à séparer le crédit de l'ordre actuel de celui de l'ordre déchu; c'est ce qui aurait lieu par une opération très simple : la création nouvelle des bons royaux du trésor public, destinée à vivifier toutes les sources et branches de la prospérité générale.

Les rentes cinq et trois pour cent seraient abandonnées à la faveur que leur donne l'amortissement, et tous les efforts de l'administration seraient concentrés dans le crédit des nouvelles valeurs dites *bons royaux du Trésor public de la France régénérée.*

La somme d'émission s'éleverait progressivement au niveau des besoins; des arrangemens seraient pris à cet effet avec la Banque de France et celles des grandes places du monde civilisé.

Premier plan d'une loi de crédit public qui anéantirait la conspiration ourdie contre l'intérêt du royaume.

28 SEPTEMBRE 1830.

ART. 1er. Il sera fait union de crédit, en bons royaux, jusqu'à la concurrence de cent millions, entre le Trésor public et les différentes sources et branches de la prospérité publique.

ART. 2. Les bénéfices provenant de cette union

seront consacrés à l'extinction des impôts les plus onéreux au peuple.

ART. 3. Le gouvernement est, en tant que de besoin, autorisé à régler le mode de cette union et tous les accessoires.

Il sera pris toutes les mesures convenables pour que les bons royaux de France, transmissibles par voie d'endossement, soient préférés librement, et ainsi qu'ils sont réellement préférables, aux métaux.

Il leur sera attribué un intérêt de quatre pour cent par an.

Ils seront reçus et offerts dans les caisses publiques sous l'escompte audit taux de quatre pour cent comme les meilleurs effets de commerce.

ART. 4. Douze millions en bons royaux ou valeurs équivalentes seront mis à la disposition du ministre de la guerre pour encourager les enrôlemens volontaires.

ART. 5. Une somme de cent vingt millions en bons royaux ou autres valeurs est mise à la disposition du gouvernement pour être distribuée entre tous les départemens, afin d'y récompenser annuellement les vertus les plus favorables à l'intérêt, au bonheur, à la gloire de la patrie et de l'humanité.

ART. 6. Des instructions seront publiées par

tous les ministères pour démontrer que les développemens du crédit ne font que donner la jouissance anticipée des biens qu'il est juste d'espérer
et facile d'obtenir.

Art. 7. La conspiration ourdie contre l'intérêt, le bonheur et la gloire, et par conséquent le
crédit de la France, sera dans les mêmes instructions signalée de manière à isoler les chefs de tous
leurs instrumens aveugles.

A l'appui de cette mesure, on pourrait former
un encaissement de garantie avec l'argent destiné
au clergé ; une loi pourrait établir que dans tout
pays où il éclaterait des troubles, sans que le
clergé justifiât avoir rempli tous les devoirs qui
lui sont imposés par nos lois divines et humaines,
les membres du clergé seraient privés de leurs traitemens locaux et nationaux pendant toute la durée de ces troubles. Toutes ces mesures sont com-
binées d'après le plan de la conspiration permanente, qu'elles combattraient sur tous les points.

L'on peut encore, afin de montrer au clergé
l'intime liaison qui doit exister entre la foi religieuse et la foi politique, civile et financière, ne
payer les traitemens échus qu'en bons du Trésor public, à six mois de date. Il serait facile de justifier cette mesure par la considération
que les feuilles et les personnes dévouées au clergé

ont provoqué les ordonnances du 25 juillet, qui ont fait sortir de France une grande partie du numéraire par les troubles qu'elles ont occasionnés.

C'est l'homme laborieux, l'industriel qui souffre de sa propre victoire, car il est obligé, pour alimenter son travail, son industrie, sa famille, de payer deux à trois pour cent d'intérêt, en sus de ce qu'il payait avant la victoire de Paris; et cette victoire se trouve profiter aux usuriers, aux spéculateurs à la baisse de toutes les valeurs; l'intérêt, le bonheur et la gloire du peuple, sont, de cette manière, en raison inverse de ses peines, de ses triomphes et des promesses à lui faites. Cet état ne peut durer : s'il n'est renversé par les sociétés publiques du peuple, il le sera encore une fois par les sociétés occultes; les conspirateurs, les congréganistes, les anarchistes, auront entraîné le Roi, la capitale et la France, sur les terrains connus d'eux seuls, conspirateurs et congréganistes.

Après la chute de Louis-Philippe, que l'on ne saurait prévenir qu'autant qu'on la prévoira, il n'y aura plus de milieu entre la république et ses terribles comités de salut et de sûreté et le pouvoir absolu d'un dictateur militaire, deux situations également plus favorables aux conspirateurs et aux anarchistes qu'une monarchie sagement tempérée. Beaucoup de conspirateurs périront encore sans doute comme il en a péri depuis quarante ans, mais non la conspiration ; elle ne peut être vaincue que par ceux qui sauront la désarmer : c'est ce genre de triomphe qu'il est urgent, à la fin de septembre 1830, de donner au Roi des Français et à son gouvernement. L'on changera jusqu'à extinction la forme de ce gouvernement, comme elle a été changée déjà tant de fois, la conspiration permanente n'en recevra que plus de chances de succès. Il faut d'un seul effort écraser toutes les têtes de l'hydre ; c'est ce que l'on ferait par un ensemble de moyens appropriés à la grandeur des circonstances.

Sauf quelques nuances bien légères, l'ensemble des moyens qui eût conservé inaltérables les intérêts, le bonheur et la gloire du peuple français aux temps de Louis XVI, de Napoléon, de Louis XVIII et de Charles X, conserverait cette même fortune, cette même gloire au temps de Louis-Philippe. La république et le pouvoir absolu surviendraient, qu'ils auraient besoin d'un centre d'harmonie religieuse, d'une bonne organisation de secours populaires, et d'appliquer à ces intérêts, à ce bonheur, à cette gloire invariables, la puissance du crédit, qui est un gage constant de victoire, plus encore que ne l'est la forme du gouvernement.

Qu'avec la franchise, l'énergie, l'intelligence, qui caractérisent les victoires parisiennes de juillet 1830, Louis-Philippe et ses ministres considèrent les avantages qu'il y aurait à faire par cette loi une application universelle de la puissance du crédit aux consolations requises par la religion comme par l'humanité, et bientôt Paris jouira d'un calme et d'un bonheur progressifs dans toutes les parties de sa grande population, nos 3 pour cent s'élèveront au pair et toutes les autres valeurs en proportion.

La capitale et la France sont mûres pour ce genre fondamental de progression de l'intelligence, de la dignité humaine. Il n'est indifférent à aucun homme vraiment doué d'intelligence, de patriotisme, d'humanité, de religion, qu'un de ses semblables, de ses compatriotes, de ses concitoyens, de ses co-religionnaires, soit dans un état de dégradation, d'abrutissement, de misère, de désespoir, qui ceuse également l'ordre moral, civil, politiqu. religieux. Nos lois divines et humaines ont une toute autre importance qu'un titre d'hérédité, qu'il y a d'ailleurs tant de moyens de fausser. Le vrai titre de légitimité pour un peuple est celui qui le rend heureux, non par des aumônes et de vains spectacles, mais par l'harmonie des travaux utiles qui fortifient et la moindre famille privée, et la grande famille des humains dont la patrie n'est qu'une branche.

Telles sont les vérités que j'ai tâché de prouver à Napoléon, à Louis XVIII, à Charles X, au Dauphin, afin que de l'application de ces mêmes vérités ils obtinssent la faculté de triompher de la conspiration permanente organisée contre l'intérêt, le bonheur et la gloire de la France et de l'humanité.

Ma voix n'a point été assez éloquente, mais au grand préjudice de la France et de l'humanité, les plus terribles catastrophes par moi annoncées comme une conséquence rigoureuse de l'impuissance ou du parjure de nos chefs dans la carrière du bonheur promis, ces catastrophes, dis-je, ont suppléé au défaut de mon talent de persuasion. Je vois très clairement, à la fin de septembre 1830, comment la conspiration permanente agite Paris, la France et l'humanité, mais je ne vois aucunement que l'on prenne la première, la plus urgente des mesures nécessaires pour transformer cette ardeur de mouvement en celle qu'exige le bien général.

Avec un très bon plan d'harmonie religieuse, charitable et bienfaisante, l'on aurait encore à déplorer de grands malheurs irréparables; sans un tel plan, il est impossible de réparer, de régénérer. Le peuple a droit d'exiger que l'on tienne les sermens que l'on a faits pour son intérêt, son bonheur et sa gloire ; il a droit de s'affranchir d'un fardeau d'une lourde impuissance et des tourmens du parjure ; en retour, ceux qui ont promis le bonheur et la gloire doivent pouvoir librement, par la toute-puissance du crédit, disposer et des hommes et des choses, au moyen de justes et préalables indemnités.

De l'accomplissement régulier de ces devoirs mutuels résulterait pour la France un accroissement de douze cents millions de revenus ou de quatre millions par jour de travail. Avec l'harmonie désirable dans l'intelligence et les travaux de vingt millions de personnes actives, il est possible que chaque individu produise vingt centimes de plus qu'il ne produit chaque jour, c'est donc quatre millions pour chacun de ces jours, et douze cents millions pour les trois cents jours de travail. J'ai prouvé que dans ce travail rien n'est hasardé, rien n'est hypothétique ; l'agriculture française emploierait facilement, dans les cinquante millions d'hectares sur lesquels elle s'exerce, dix millions de Français et deux milliards de capitaux de plus qu'elle n'emploie.

La France heureuse demanderait à ses voisins beaucoup plus de leurs utiles produits ; à l'Angleterre, par exemple, ses admirables tissus ; à l'Espagne la surabondance de ses produits méridionaux. En suivant ces graves considérations, l'on verra bientôt combien il importe de mettre un terme aux sourdes jalousies qui fomentent l'anarchie dans le sein de nos églises, de nos cabinets, de nos capitales, de nos colonies. Ce qui manque surtout à nos colonies, pour la fortune desquelles la nature a tant fait et la civilisation si peu, ce sont de bons administrateurs populaires. C'est aux grandes capitales à les former, à les fournir : l'intérêt des métropoles l'exige non moins que celui des colonies ; cet intérêt est celui de l'humanité entière. Il importe que les peuples de l'Inde et de l'Amérique méridionale soient librement tributaires des progrès de notre intelligence dans l'art de rendre les peuples heureux.

Pour atteindre ce but, il conviendrait à tous égards que le gouvernement fît un emprunt de cent vingt millions, au Trésor public ou aux capitalistes, pour être distribué annuellement en récompense aux talens utiles, aux meilleurs ouvriers, à ceux qui auraient le mieux soigné leurs vieillards, leurs femmes et leurs enfans. Si l'on ne veut pas faire d'emprunts, la loi pourrait autoriser le gouvernement à y consacrer d'une manière spéciale cent vingt millions de bons royaux que l'on contribuerait encore par cet emploi à rendre préférables à l'or et à l'argent. Sire, il est évident que pour Charles X, le Dauphin et les derniers ministres il s'agissait de la vie et de l'honneur comme je l'annonçais dans mon cxixe. livre, resté déposé au ministère des finances. Être puissans avec l'amour, le dévoûment du peuple, ou devenir la victime impuissante et honteuse de sa vengeance, pour ne pas dire de sa justice, telle était l'alternative. L'on aurait peine à croire aujourd'hui que l'on m'alléguait pour prétexte dans le refus d'emploi des bons royaux proportionnel aux besoins, que ces bons perdraient peut-être un pour cent, et que l'on voulait les conserver à trois pour cent d'escompte, et que l'on craignait de les faire baisser à quatre d'escompte, par l'effet de leur multiplication, etc. Ainsi, l'on préférait sacrifier couronne, titres héréditaires, ministères, gouvernement, vie, liberté, honneur, pour le prétendu avantage d'escompter un bon à trois au lieu de quatre pour cent. Vainement ai-je prouvé qu'avec l'harmonie, conséquence rigoureuse des sermens et des besoins satisfaits, l'on établirait une telle confiance que l'escompte pourrait facilement être modéré à deux pour cent l'année..... On me repoussait sans pitié, on me donnait à entendre que le peuple n'était que trop riche, trop éclairé, trop nombreux.....

C'est à la grande magnanimité de ce même peuple que la cour a dû la consolation d'être respectée dans sa fuite, Votre Majesté, qui en est l'élu, peut s'en glorifier. Je n'ai pas vu que les congréganistes aient défendu le Louvre, les Tuileries, Saint-Cloud, Rambouillet, contre les ouvriers libéraux. Serait-il donc vrai que les sectes ne sont bonnes qu'à troubler, décréditer, ruiner, jamais à conserver ? Il est toujours urgent d'intéresser la partie saine des congrégations à l'harmonie chrétienne universelle, au crédit public.

Dans les audiences que m'ont accordées Charles X et le Dauphin, j'ai cru remarquer la bonne volonté d'observer les sermens faits, les obligations contractées pour le bonheur du peuple, mais dans plusieurs personnes de la suite de ces princes, j'ai eu l'occasion de remarquer des dispositions tout-à-fait contradictoires avec les mêmes sermens. Cette remarque surtout a été sensible à l'époque de 1825, où j'offrais d'exécuter sous les yeux du Roi, dans les ressorts des justices de paix des Tuileries ou de Saint-Cloud, un plan d'ordonnance de charité et de bienfaisance qui m'avait été demandé de la part du Roi, et que je regardais comme une rigoureuse conséquence des actes solennels de la restauration, de l'avènement et des sermens de Reims. Comme j'offrais de consacrer à cette exécution gratuitement tous mes soins et en outre vingt mille

francs de mes propres fonds, il était difficile de
motiver un refus. Il ne fut point motivé, mais il
ne fut pas moins irrévocable; on se conduisit
comme on aurait pu le faire dans le cas où le
serment de rendre heureux le peuple des résidences royales aurait été transformé en un grand
mépris pour ce bonheur. Je ne puis en vérité
attribuer cette conduite qu'au funeste ascendant
qu'avait pris dès 1825 la conspiration organisée
contre la puissance, le bonheur, la gloire, auxquels Charles X, le Dauphin et le premier ministre devaient se consacrer tout entiers. Sire,
Votre Majesté et ses ministres se trouvent dans
une situation analogue.

Le même plan d'ordonnance étant devenu
plus urgent en quelque sorte par l'avènement de
Louis-Philippe, le même refus de mesures salutaires analogues attesterait encore une fois le
même ascendant de la conspiration permanente;
le Roi et les ministres actuels, en refusant d'é-
couter, d'examiner, de juger, me feraient dire
encore : « Les mêmes causes doivent produire les
mêmes effets. » Le prince de Polignac pouvait
avoir d'autres vues; les événemens ont prouvé
que de toutes les vues les siennes étaient les pires.
Jusqu'à ce jour, 3o septembre, la condition du
peuple de Paris, sous le rapport matériel, n'est
point encore améliorée; le prêt de soixante

millions sur gages ne peut l'améliorer autant qu'il en est besoin. Il ne suffit pas non plus de condamner les sociétés populaires, il est encore urgent de leur enlever leurs mobiles ou leurs prétextes, et ces prétextes subsisteront dans Paris tant que les promesses de bonheur ne seront pas réalisées. Telle est, Sire, l'exacte vérité.

C'est avec la plus intime conviction des dangers qui sont à éviter et des biens qui sont à faire que j'invoque l'attention de l'autorité :

Sur les révélations que je dois faire relativement à la conspiration permanente ourdie contre l'intérêt, le bonheur, la gloire de la France, ou contre l'accomplissement des paroles solennelles du Roi Louis-Philippe ;

Sur les conséquences de cette conspiration, qui sont la mort ou l'expulsion du Roi, la ruine de Paris, le démembrement de la France ;

Sur les moyens de triompher des conspirateurs, soit étrangers, soit internes ;

Sur une association d'utilité générale et de crédit universel ayant le Roi pour chef ;

Sur une loi d'union de crédit, jusqu'à concurrence de cent millions en bons royaux entre le Trésor public et les diverses sources et branches de la prospérité publique ;

Sur une avance de cent vingt millions à faire

pour récompenser les talens, les vertus civiques et les vertus privées;

Sur l'ordonnance de charité et de bienfaisance que j'offrais d'exécuter sous les yeux du
Roi, ce que j'offre encore.

Ces divers moyens combinés sont les plus
convenables, les plus urgens pour triompher de
la conspiration permanente que je révèle.

Sire, les mêmes moyens sont nécessaires pour
affranchir enfin nos chefs actuels, la France et
l'humanité, des conséquences rigoureuses de
l'impuissance et du parjure.

1er. *Octobre.* — Les affreux progrès de la conspiration me sont démontrés par la baisse, le
discrédit progressif qui se manifestent à la
Bourse de Paris; par l'insuffisance des travaux et
des consolations que l'on offrait aux classes laborieuses; par le rapport de M. Persil sur le projet
d'une loi de soixante millions de garantie à donner au commerce dans la détresse; par la proposition de M. Mauguin sur une enquête relative à
l'état de la France; par la réplique de M. Agier;
par l'extrême agitation de la Chambre des députés; par l'apparente impuissance du gouvernement dans le devoir de triompher des principes
de la même conspiration anarchique que j'ai si-

gnalée ; et enfin par des faits que je ne puis confier au papier.

Le cours des fonds publics étant, comme je l'ai démontré, le thermomètre de la bonne foi, de la solvabilité de l'État, qui sont à leur tour les thermomètres de toutes les solvabilités des hommes utiles, il est évident que toutes ces solvabilités déclinent avec celle de l'État. Ce déclin du crédit et des facultés de l'État et des contribuables produit le déclin de tous les autres crédits, de toutes les autres facultés, la dépréciation de toutes les valeurs, depuis celle de la couronne actuelle jusqu'à celle de la moindre échoppe. Quand les valeurs baissent, les débiteurs sont réduits au désespoir ; personne ne veut travailler, reproduire à perte. Il est naturel que les conspirateurs tentent de profiter de ce désespoir. C'est surtout pour le peuple que l'oisiveté est la mère de tout vice.

Je n'avais aperçu dans le projet de loi d'une garantie de soixante millions qu'une offre insuffisante faite au commerce ; je vois dans le rapport de M. Persil ce que je voyais sous Charles X, les preuves d'un défaut absolu d'harmonie dans les facultés nationales. Ce rapport, dans un résumé facile, se réduit à ces désespérantes assertions : le Trésor du peuple français ne doit pas avoir confiance dans le crédit, le travail, l'intelligence, les facultés de ce même peuple. Nous ne devons pas souffrir que le gouvernement de ce peuple établisse même la faible union proposée entre le crédit de son Trésor et le sien propre; nous disons que la crise commerciale et le discrédit proviennent de ce que le peuple assemblé veut s'occuper de ses plus importantes affaires. Que le peuple nous laisse, à nous seuls, le soin de tarir la source du torrent révolutionnaire...

En pressant les conséquences de ces raisonnemens, il me serait facile d'y trouver l'arrêt de mort ou d'expulsion du Roi, celui de la ruine de Paris et du démembrement de la France. La proposition de M. Mauguin, la réplique de M. Agier, l'agitation des députés, confirmeraient ce malheureux arrêt. Je dois tâcher de répandre un nouveau jour sur ces connexions, décisives pour notre avenir et celui du monde civilisé qui s'ébranle.

Les conspirateurs savent que la révolution de juillet 1830 doit, comme toutes celles qui ont eu lieu précédemment, faire sortir de France environ six cents millions d'or et d'argent; elle doit paralyser la circulation d'une somme à-peu-près égale.

Dans son ensemble, cette même circulation sera donc privée d'un milliard, c'est-à-dire de moitié des sommes réelles dont elle se compose.

Il doit résulter de ces faits matériels une dépréciation de presque toutes les valeurs, soit premières, soit industrielles, depuis le fonds de terre jusqu'à l'objet de modes et de fantaisie. Les seules armes pourront faire exception, mais leur valeur matérielle entre pour une faible somme dans toutes les valeurs dont se compose la richesse nationale.

Le gouvernement, dès les premiers jours d'août, était en situation de prévoir ces conséquences inévitables de l'expulsion de Charles X et des opulens personnages de la cour et de l'église. Dès cette époque, l'intérêt, le bonheur du peuple, surtout de Paris, exigeaient que des bons du Trésor public remplaçassent, comme ils peuvent le faire avec un avantage si marqué, la somme des métaux exportés. La France aurait d'abord gagné dans son ensemble l'intérêt de la somme, qui peut se calculer à trois millions environ par mois. Les travaux en auraient acquis une grande activité, et le peuple, l'aisance, la satisfaction qu'il se croit en droit d'obtenir.

Il fallait, pour mettre en défaut les conspirateurs, prévoir leurs chances de succès et y mettre ordre. C'est ce qu'on aurait fait en motivant, sur le besoin des améliorations favorables au crédit, et non pas sur une détresse toujours défavorable à ce crédit, les mesures de finances. Au premier rang de ces mesures était l'union de crédit, dont j'ai rédigé la proposition en forme de plan d'une loi. Il faut toujours considérer que personne ne veut reproduire à perte, et c'est ce qui ne peut manquer d'arriver lorsqu'il y a baisse des prix ou des valeurs. Par exemple, dans le cas où la masse des laboureurs verrait baisser à 1 fr. 25 c. le huitième d'hectolitre de blé qui coûte 1 fr. 50 c. à reproduire, on peut estimer qu'une grande partie des laboureurs renonceraient aux reproductions de blé qui doivent être ruineuses. Si au contraire il y a pour le laboureur espoir de reproduire le blé, avec 1 fr. de bénéfice par huitième d'hectolitre, on peut être assuré que les travaux de reproduction en ce genre auront une grande activité et seront extraordinairement lucratifs pour les ouvriers qui s'y emploient, et pour l'Etat, qu'ils enrichissent.

La vérité relative au blé s'applique de même au drap, à la dentelle et aux moindres produits du travail et de l'intelligence.

La baisse des produits, l'élévation de l'intérêt, ruinent nécessairement le peuple laborieux et emprunteur, et le poussent au désespoir ; ce désespoir fait tôt ou tard une explosion d'autant plus terrible qu'elle est plus long-temps comprimée : tel est le grave caractère de l'explosion qui se prépare dans l'univers entier. Quoi que l'on puisse dire, sous Louis-Philippe, les trompeuses illusions de bonheur et de sécurité ne produiront qu'une catastrophe analogue à celles qu'elles ont toujours produites ; mais aujourd'hui , comme c'est le peuple qui souffre le plus dans ses facultés essentielles à la vie journalière, c'est le peuple qui, empruntant, dans son désespoir du salut public et de l'harmonie, des forces nouvelles, se constituera haut justicier , comme il est déjà souverain.

Le premier acte du désespoir et de la haute justice de la vengeance populaire , sera de refuser l'impôt nécessaire au paiement des rentes créées au profit des étrangers et des émigrés; les intéressés voudront réagir , et contraindre le peuple au paiement des impôts qu'absorbent, en grande partie , les riches traitemens des supériorités sociales ; le peuple, désespéré , révolté , ne connaîtra plus de frein ; il exterminera ceux qu'il jugera être ses oppresseurs ; il divisera leurs fortunes, leurs propriétés ; il battra monnaie avec les têtes des Français riches et suspects, afin de soutenir la patrie contre les agressions étrangères.

Alors la conspiration anarchique triomphera ; mais, comme les principaux fauteurs appartiennent aux supériorités, aux sommités mêmes de la société, l'anarchie dévorera en premier lieu, comme elle l'a toujours fait , les chefs imprudens qui l'auront volontairement déchaînée et les chefs qui l'auront combattue : telle est la destinée qu'il est urgent d'étudier et de prévenir.

Le premier rapport de M. Guizot sur notre situation, n'a point changé cette perspective dont j'ai démontré l'affreuse vérité, en mai 1827, ainsi que le constate l'écrit imprimé qui est ci-joint, sous ce titre : *La royauté frappée au cœur.*

Les obligations sont les mêmes sous Louis-Philippe : éclairer, démasquer, désarmer les conspirateurs ; attaquer avec énergie le principe de la conspiration permanente, qui est celui de l'intérêt mal entendu à l'intérieur comme à l'extérieur. Ces obligations, pour le Roi, sa famille et ses fidèles serviteurs, sont des obligations vitales : elles sont les mêmes pour la capitale, chaque jour en danger plus imminent d'être ruinée ; pour la France, chaque jour en danger plus imminent d'être démembrée ; pour l'humanité, chaque jour en danger plus imminent d'être ensanglantée, déshonorée.

LIVRE CXXXI.

SUPRÊME INTÉRÊT DE LA FRANCE ET DE L'HUMANITÉ;
MOYENS DE LE FAIRE PRÉVALOIR DANS LE COURS
DE NOS DESTINÉES.

LE suprême intérêt de la France consiste à
n'être point victime des combinaisons profondes
qui la portent à se ruiner, se mutiler de ses
propres mains, afin que l'étranger jaloux ait
plus de facilité à la ruiner, la mutiler, la démembrer définitivement.

Cet intérêt suprême de la France est aussi celui
de l'humanité; il est surtout celui de toutes les
supériorités sociales, sans en excepter les personnages qui président aux grandes manœuvres de
la conspiration que j'ai signalée. Quoi qu'ils
puissent dire et faire, ces personnages tiennent
aux supériorités sociales, par leurs fortunes, leurs
familles, leurs lumières; s'ils emploient les avantages de cette position à détruire les garanties
sociales qui constituent cette même position, ils

seront dépouillés, ruinés, massacrés, eux et leurs parens, même en admettant que la conspiration triomphe de tous les moyens qui pourront être employés pour l'annuler.

Les troubles qui viennent d'éclater cette nuit même, du lundi au mardi 19 octobre, attestent que l'intérêt suprême de la France, de la capitale, de la famille régnante, des fonctionnaires, des gardes nationaux, de l'humanité, ces troubles, dis-je, attestent que l'intérêt suprême est méconnu ; et, s'il est méconnu au temps de Louis-Philippe comme il le fut au temps de Charles X, S. M. ne peut régner comme elle le doit sur tous les autres intérêts qui s'entre-choquent avec une fureur, une obstination qui, certes, ne seront pas calmées par des affiches du *Moniteur* ou du préfet de police, quels que soient d'ailleurs les talens de l'écrivain et du magistrat.

C'est l'harmonie des intérêts sociaux de cette immense capitale qui, fondée aujourd'hui comme le Roi peut et doit la fonder par une conséquence rigoureuse de son serment ; c'est cette harmonie des intérêts sociaux qui seule peut prévenir l'effusion du sang français, prêt à être versé, et la ruine de ce beau pays, qui va être commencée par des mains françaises.

C'est à la Bourse de Paris que l'intérêt suprême

de la France et de l'humanité est méconnu de la manière la plus évidente pour l'observateur, et la plus fructueuse, s'il est permis de le dire, pour le conspirateur qui, en quelques minutes, recueille le honteux bénéfice des troubles nocturnes qu'il ne peut manquer d'avoir contribué à propager. Sans doute tous les hommes intéressés à l'harmonie par devoir, par honneur, par esprit de patrie ou d'humanité, réunissent parfois à la Bourse comme ailleurs leurs facultés pour empêcher que les effets du désordre ne précipitent la ruine de la France, mais la feuille qui cote le cours déprécié des effets publics atteste que les perturbateurs triomphent, qu'ils s'enrichissent des dépouilles des amis du crédit public, non constamment unis ou trop faibles.

L'intérêt suprême de la France et de l'humanité exige, ainsi que je l'ai si amplement prouvé dans les vingt-un tomes du présent ouvrage, que l'abondance précède toujours l'accroissement de la population; j'ai montré que tous les événemens avaient confirmé l'assertion de l'honorable pair anglais qui a prouvé que, par le fait des améliorations possibles en tous genres, le royaume uni de la Grande-Bretagne nourrirait, et avec plus d'aisance, une population double de celle que nourrit ce royaume. Pareille vérité s'applique éminemment à la France, à l'Espagne, et à tous les pays du monde civilisé; ils n'ont donc, pour se faire des guerres ruineuses, aucun motif qui ne soit flétri par le suprême intérêt spécial du pays et par le suprême intérêt général de l'humanité.

Cette interprétation de l'intérêt suprême, qui jadis pouvait sembler être une abstraction, un rêve d'homme de bien, est si clairement exprimée aujourd'hui par les traités et déclarations de Paris, Vienne et Aix-la-Chapelle, que l'on ne peut révoquer en doute cette même assertion sans taxer d'impuissance ou de parjure tous les cabinets du monde civilisé.

Les déclarations d'Aix-la-Chapelle, transcrites dans le premier tome du présent ouvrage, que j'ai remis à M. Laffitte, au Roi actuel et aux différens ministères, en 1824, étendent au crédit public, dans tous les États, la vérité palpable qu'il ne peut y avoir de bonheur réel pour les États comme pour les individus, que dans le bien-être de tous. Les développemens du crédit public fondés sur une telle vérité éleveraient, comme l'a très bien démontré M. Laffitte, en 1824, dans son mémorable ouvrage sur ce crédit public et la modération de l'intérêt de l'argent, nos trois pour cent au pair; dès-lors tout produit de trois représentant un capital de cent, l'activité des travaux consolateurs de l'humanité, régé-

hérateurs de la patrie, prendrait un accroissement proportionnel.

Chacun aime à reproduire avec bénéfice, de
même que chacun craint de reproduire à perte ;
de là résulte l'activité des travaux, mère de
toutes les vertus civiques, ou la cessation des
travaux, qui met en danger la fortune et la vie
de toutes les personnes opulentes.

L'intérêt suprême de la France étant celui de
toute l'humanité, est celui de l'univers ; le crédit
de la France doit être le principe, le modèle et la
garantie de tous les crédits de ce même univers,
afin qu'ils agissent en harmonie avec lui, au lieu
de tendre à le renverser au milieu des ruines
fumantes de notre capitale et du démembrement
ensanglanté de notre patrie.

Mais les faits ont prouvé qu'à l'appui des traités
et déclarations qui tracent ces consolantes vérités, des hommes de haute capacité devaient
être prêts pour l'application salutaire de ces
vérités universelles. Le malheureux Charles X,
au lieu d'apprécier comme il l'aurait dû un
homme, une maison, un génie pareils à ceux
que l'histoire nommera Laffitte, a osé attaquer
l'homme, la maison, le génie ; ce qui est arrivé
devait arriver : le crédit étant le gage des victoires, le superstitieux monarque est tombé,
l'homme de génie a vaincu ; mais de même que la

victoire avait épuisé Napoléon, de même elle pourrait épuiser l'illustre banquier, ses honorables amis; c'est à la Bourse de Paris, c'est au ministère des finances que l'illustre banquier et le Roi même peuvent et doivent puiser de nouvelles forces et s'enrichir, se fortifier des dépouilles de ceux qui ont entrepris de les dépouiller. La France et l'humanité entière sont intéressées à un pareil triomphe.

Cent vingt millions de bénéfice peuvent et doivent être réalisés en moins de trois mois; la plus parfaite tranquillité peut être rétablie sous huit jours dans Paris, et, sous quatre mois, dans l'Europe entière. Les subsistances étant assez abondantes pour que tous les utiles travailleurs en soient bien pourvus, le succès, le triomphe de l'intérêt suprême est assuré si le Roi et la maison Laffitte veulent l'assurer. J'ai montré que Sa Majesté était exposée aux conséquences rigoureuses de l'impuissance ou du parjure, dans le cas où elle négligerait les moyens d'accomplir les sermens qu'elle a faits, les actes solennels qu'elle a promulgués pour l'intérêt, le bonheur et la gloire de la France, qui s'identifient avec ceux de l'humanité, en droit comme en fait. Reste à étendre cette même démonstration aux honorables maisons de MM. de Rotschild, de Rougemont de Lowenberg, Delessert, Perrier,

Ternaux, Davillers et autres qui, par l'élévation de leurs sentimens, comme par leurs grandes fortunes, sont principalement intéressés à ce qu'un peuple égaré n'attente jamais à la sûreté de leurs personnes et de leurs maisons, ni même à l'honneur et au crédit de ces maisons. Ce que je dis ici s'applique avec la même vérité au Trésor public, à celui de la Banque de France. Le peuple, dont la souveraineté s'est manifestée, comme je l'avais prévu et annoncé, par l'expulsion de la cour et de la famille royale, par la prise, à main armée, des palais de Charles X, par la défaite et la dissolution de sa garde royale, ce peuple ne trouverait pas une résistance aussi forte dans le palais du Roi actuel, dans celui du baron Louis, dans celui de la Banque de France, ou dans les hôtels des honorables banquiers et négocians que j'ai cités.

L'ordonnance de M. le préfet de police, que je viens de lire affichée, confirme tout ce que j'ai écrit sur ces importantes matières; mais elle confirme aussi, par les plus sinistres preuves, l'impuissance où se trouve l'administration de prévenir les troubles et les symptômes de guerre civile, provocateurs de guerres étrangères, qu'il est de notre intérêt suprême de prévenir. Le peuple de Paris, aveuglé par le désespoir, pourrait se croire en droit de prendre l'argent qui est dans le Trésor public , en le regardant comme sa propre chose, qu'un gouvernement fallacieux lui a injustement enlevée; le même peuple pourrait dire qu'il est dispensé d'avoir égard à la légitime possession du trésor de la Banque , puisque les détenteurs de ce trésor n'ont point eu réellement égard aux misères humaines , au suprême intérêt des peuples, qui consiste à pouvoir vivre et travailler utilement pour l'ordre social.

Comme la raison du plus fort est toujours la meilleure, la masse du peuple de Paris étant la plus forte, son intérêt à la spoliation de ceux qui l'auraient traitée, à son jugement, sans égard et sans pitié, pourrait soudainement prendre la place de l'intérêt suprême mieux entendu.

On pourra objecter que l'intérêt suprême est protégé par les gardes nationales, c'est-à-dire le peuple armé lui-même. Les faits se chargeraient de répondre à cette objection : la garde nationale n'étant que la nation armée, naturellement se divise dans tous les intérêts qui divisent la nation. Dès que la portion la plus nombreuse ou la plus active méconnaîtra l'intérêt suprême de notre société actuelle, elle voudra réformer cette société, déchirer la constitution sur laquelle elle repose. La prérogative royale, évidemment impuissante dans le devoir de prévenir les troubles, le sera bientôt dans le devoir de les réprimer. La garde nationale, divisée, comme toute nation, en supériorités et en infériorités sociales, peut être amenée à se mutiler, s'annuler de ses propres mains. Moi qui, en 1827, n'ai pas craint d'imprimer et déposer légalement un volume intitulé : *Déclaration portant que le comte Joseph de Villèle est un usurpateur et un traître ; motifs, pièces et preuves qui légitiment l'accusation,* je ne craindrai point d'affirmer qu'il est de l'intérêt suprême de la France et de l'humanité que Louis-Philippe Ier., roi des Français, soit libre dans l'exercice de sa prérogative au sujet de la condamnation et du supplice de MM. de Polignac et de Peyronnet, qui doivent être un acte de justice, et non pas de violence.

Il est raisonnable d'admettre que l'intérêt de la France et de l'humanité exige que le Roi obtienne des révélations du prince de Polignac et de M. de Peyronnet, pour savoir à quel point l'étranger, jaloux de notre force et de notre prospérité, et la congrégation, auxiliaire de cet étranger, ont pu influer sur le jugement, les déterminations, les ordonnances de Charles X et de son conseil.

Nous avons prouvé qu'il existe, depuis quarante ans surtout, une conspiration flagrante contre notre force et notre prospérité, contre tous les chefs et les ministres, qui ont été successivement réduits à l'impuissance de conserver le dépôt de cette autorité. Louis-Philippe et ses ministres, destinés à être accusés, tués ou chassés, sont intéressés à connaître à fond toutes les circonstances des manœuvres actuelles de cette conspiration. Par cette connaissance seule, l'intérêt, le bonheur et la gloire de la France et de l'humanité, peuvent triompher. Certes, la satisfaction de voir couler quelque sang de plus dans Paris par le supplice des condamnés, ne pourrait entrer en balance avec l'importance des révélations dont une grâce serait le prix.

Avant la chute du ministre Polignac, des écrivains ont publié, et beaucoup de personnes ont affirmé que ce ministre, séduit par le Protée de la finance, le célèbre O....., avait pris part aux spéculations de la baisse, que tendaient à produire les combinaisons inouies du trop célèbre financier. Le ministre des affaires étrangères ne se doutait pas probablement du crime énorme que lui faisait commettre le joueur adroit dans les combinaisons qui, produisant la baisse des fonds publics et de toutes autres valeurs, préparaient le discrédit, les faillites, la cessation des travaux productifs, qui nous affligent.

L'ordonnance du préfet de police n'est qu'une application à la circonstance actuelle des vérités d'utilité publique, d'intérêt suprême, que Louis-

Philippe a prises pour texte de son serment, comme les avaient prises tous les chefs ses prédécesseurs; ces vérités ne peuvent être appliquées à nos troubles actuels que par des hommes de haute capacité, bien pénétrés de l'importance du crédit universel pour la consolation des peuples.

Une grande combinaison de l'autorité publique, du Trésor et de la Banque, des facultés présentes et futures des contribuables, doit vaincre subitement l'anarchie, dont le premier foyer est à la Bourse de Paris; y poser les bases d'une amélioration qui est prouvée devoir s'étendre à douze cents millions de revenus et quarante milliards de capital. Il est urgent d'entrer dans la carrière des améliorations, si tous ne veulent rester dans l'ornière des périls, dans le sang et dans la boue.

Il est de toute évidence que nos troubles anarchiques paralysent toute espèce d'amélioration, d'harmonie de confiance, tant sous les rapports administratifs que sous les rapports financiers et industriels. Les intérêts généraux de l'État, de la reproduction et de la consommation en souffrent; cette vérité est si bien démontrée par les faits et les documens cités, qu'elle n'a point besoin de plus amples développemens.

Il est difficile de conserver à la Bourse de Paris une action régulière et légale du gouver-

nement pour y prévenir les manœuvres anarchiques que les spéculateurs sur le discrédit
propagent de ce foyer central jusque dans le
palais des rois, jusqu'aux confins du monde civilisé. Avec des études convenables, on sera con-
vaincu que la difficulté n'est pas insurmontable
si l'on veut, de bonne foi, maîtriser l'action qui
tend au discrédit.

Or, on ne peut maîtriser une action équivoque qu'en y prenant une part décisive qui la mo-
difie dans le meilleur sens. Je sais bien que l'on
dira : le gouvernement ne doit point se faire
agioteur ; le gouvernement ne doit point interve-
nir dans des spéculations particulières... Je répondrai : Lorsque le crédit du gouvernement, la fortune de l'État, sont en quelque sorte mis à l'encan
dans les jeux de bourse, dans les criées du cours
des effets publics, le gouvernement qui reste étranger à ces terribles mouvemens du crédit, reste
étranger aux mouvemens de l'âme de l'État; il reste
étranger aux grands intérêts de toute humanité,
de toute conservation ; c'est de la Bourse d'une
grande capitale que partent les traits, les signaux
qui paralysent ou vivifient tous les travaux utiles.
Régner à la Bourse, ce n'est pas agioter.

L'argent étant un instrument de reproduction,
l'intérêt qu'en paie l'homme laborieux en tout
pays, est un loyer; plus l'instrument est rare

relativement aux besoins , plus le loyer est cher. Quand ce loyer est trop cher, tous ceux qui peuvent s'en priver s'en privent, et la reproduction languit; plusieurs citoyens sont nus et affamés; ils ne consomment rien ou presque rien ; ils vont périr dans les prisons ou les hôpitaux , après avoir traîné une existence onéreuse. Cependant, des institutions, appropriées sans cesse aux besoins des peuples, pouvaient en assurer le bonheur, la conservation inaltérable, autant qu'il est donné à l'intelligence humaine de le faire. Un chef qui ne travaille pas devient impuissant quand ce n'est que la nature qui l'empêche de travailler; il devient parjure quand son défaut de travail provient d'un défaut de volonté; mais la volonté suppose le jugement, et le jugement suppose l'étude. Un homme de cinquante à soixante ans ne peut raisonnablement travailler, étudier, que huit à dix heures sur vingt-quatre; il faut donc, s'il est Roi, qu'il ait autant d'hommes spéciaux qui travaillent, qui étudient pour lui, que la grandeur des circonstances en exige; il faut donc, dans le palais du Roi , des hommes spéciaux qui entretiennent, qui soignent les rapports habituels, indissolubles, de la royauté et du crédit public, du Palais-Royal, de la Banque et de la Bourse. C'est ainsi que le Roi, présidant à tous les mouvemens de l'âme de l'État, du crédit public, dirigerait sans effort et sans secousse tous les intérêts, toutes les facultés, vers l'intérêt suprême de l'État et de l'humanité.

Charles X, en méconnaissant ces grandes vérités, avait été contraint de recourir au système de ruse et de violence qui l'a perdu ; tous les princes héréditaires qui méconnaîtraient aujourd'hui des vérités analogues, seraient menacés de dangers analogues ; rien n'étant plus mobile que la confiance et le crédit qui, seuls, donnent aux chefs la libre disposition des facultés, rien n'est aussi plus mobile que le pouvoir d'exister comme Roi. Richesse, plus que jamais, est pouvoir ; science étant pouvoir, science est donc richesse. Si Louis-Philippe savait bien à quel point il lui est facile d'obtenir une réserve de cent vingt millions, et combien cette réserve lui est nécessaire, Sa Majesté ne perdrait pas un instant pour former une grande association d'utilité générale qui, décuplant la force de l'amortissement, en décuplerait bientôt les effets. Notre gouvernement actuel sera comme tous ses prédécesseurs, dans la nécessité d'emprunter. L'intérêt, le bonheur et la gloire exigent que le taux de l'emprunt marque le degré de confiance. Au nom de Charles X, le ministère des finances a emprunté à quatre pour cent, quatre-vingts millions ; au nom de Louis-Philippe, religieux observateur de ses scrmens, le ministère des finances devrait pouvoir emprunter à trois pour cent, et ce, jusqu'à concurrence de tous les besoins du peuple. Satisfaire les besoins du peuple, c'est augmenter les facultés des contribuables, c'est transformer le citoyen onéreux en citoyen utile; l'homme misérable en homme heureux; l'homme dégradé en homme d'honneur.

Le Roi, dans cette vue d'intérêt suprême, doit unir intimement son crédit personnel avec celui de tous les banquiers et capitalistes estimables. Par cette union, le Roi devenant le protecteur et le modérateur suprême du crédit, deviendra maître de faire descendre librement, depuis la Banque de France jusqu'au comité de bienfaisance, le loyer de l'argent à trois pour cent. L'intérêt des banquiers n'est point différent; celui de leurs cliens est encore parfaitement identique. Tous sont intéressés à ce que les États paient bien, à ce que toutes les maisons particulières paient de même.

Si MM. Rotschild sont encore détenteurs des titres du dernier emprunt de quatre-vingts millions, ils doivent éprouver une perte considérable; si ce sont leurs cliens, ils se trouvent avoir donné lieu à la perte que subissent ces cliens. MM. Rotschild étaient donc fort intéressés à ce que le gouvernement de Charles **X**, en juin der-

nier, soutînt sa puissance par une grande association d'utilité générale, comme je le proposais,
et ne renversât point cette puissance par le système qui a prévalu. Dans les rapports que j'ai eus
avec cette honorable maison, j'ai vu quels admirables effets aurait produits l'harmonie du gouvernement avec les banques ; j'ai déploré les secrètes défiances qui existaient entre les hauts personnages de la cour et ceux de la Banque ; j'en
ai facilement tiré le sinistre présage des affreux progrès de l'anarchie qui, après avoir renversé les cours,
ne peut long-temps respecter les banques ; mais il
n'en est pas moins vrai que la maison Rotschild
a l'honneur d'avoir eu, plus que toute autre, confiance dans notre patrie. Il est de l'intérêt et de
l'honneur de cette même patrie, que la confiance
de MM. Rotschild et de leurs cliens puisse devenir bientôt un sujet de félicitations et non de
regrets.

L'honorable maison Laffitte qui, depuis la révolution de juillet, donne son nom à la rue
d'Artois, est surtout intéressée à la constance de
l'affection des Parisiens ; affection qui ne peut
être soutenue que par des bienfaits constans.
Mais si le Roi même ne peut compter sur la durée de l'harmonie et de la conservation, comment, lorsque la base s'écroule, espérer qu'une
partie notable de l'édifice reste inaltérable ? Tou-

tes les fortunes sont donc liées par l'intérêt suprême, qui est celui de la patrie et de l'humanité.

Les rentiers ont vu diminuer leurs fortunes d'un dixième : le cours des rentes l'atteste. Les propriétaires de Paris ont vu diminuer leurs propriétés d'un cinquième, tandis que, par l'effet du serment des fonctionnaires, la confiance devait, en août, relever toutes les valeurs vers le taux légal et nominal de la rente trois pour cent ; c'est-à-dire que trois de rente devaient valoir cent de capital, et être ainsi, non seulement pour le rentier, le propriétaire, mais encore pour le simple artisan, le thermomètre de la confiance. Un grand nombre d'institutions étaient nécessaires pour cela ; on les néglige : on subit les conséquences rigoureuses de cette négligence déplorable.

Je ne reviendrai point sur tout ce que j'ai dit et fait pour établir les rapports constans qui existent entre le Trésor public, son crédit et toutes les diverses sources et branches de la prospérité publique ; le Trésor et les contribuables sont bien certainement les parties intégrantes d'un même ensemble ; les diviser, c'est vouloir les ruiner ; les unir, c'est vouloir les faire prospérer ; c'est accomplir les sermens desquels dépendent les destinées humaines.

Si Louis-Philippe reçoit des troubles actuels de

Paris la salutaire conviction qu'il y a beaucoup
à faire pour la sûreté générale, première base de
toute harmonie, l'énergique expression des vœux
populaires aura eu l'avantage de l'emporter sur
les manœuvres des flatteurs et des conspirateurs
qui ne cesseront jamais d'exister près des personnes de tous les chefs. Dans le gouvernement absolu on les tue le genou en terre ; dans les gouvernemens libres on les conserve en les avertis-
sant à haute voix. Certes, rien ne manque à l'é-
nergie des avertissemens ; mais les conspirateurs
ont tant d'habileté, qu'ils savent tout dénaturer,
tout intervertir.

La reconnaissance des gouvernemens étrangers
peut avoir pour motif d'éviter une lutte ouverte
entre les souverainetés populaires et les souverainetés héréditaires ; et cependant donner toute
latitude à une guerre sourde contre nos institutions existantes et contre celles qui nous sont
encore nécessaires ; on peut vouloir à l'étranger
que Paris, se déchirant le sein, se punisse lui-
même, d'abord d'avoir proclamé sa souveraineté
et facilité par-là aux armes étrangères une puni-
tion dernière, une spoliation, une subversion
complètes de notre capitale.

Libre sans doute aux spéculateurs à la baisse
de profiter de la connaissance qu'ils peuvent
avoir de cette funeste circonstance ; mais il ne

doit pas leur être libre de concourir à l'aggraver, à la rendre plus désastreuse pour notre crédit et nos moyens de défense.

On sent qu'ici la ligne devient pour ainsi dire imperceptible entre les spéculations à la baisse et le crime de haute trahison. En effet, l'homme qui fait dépendre sa fortune de la baisse des fonds, est bien près de concourir de toutes ses facultés à cette baisse. C'est un effort surhumain si le joueur s'abstient de cette redoutable fourberie. Certain grand joueur à la baisse n'a pas même les sentimens qui distinguent le commun des hommes bien nés. On dit : Le gouvernement emprunterait à un taux plus élevé ; les fonds publics seraient plus dépréciés si l'agiotage n'était point toléré. Cela est vrai, mais cette vérité a ses conséquences.

Il s'ensuit qu'un employé même des finances peut se croire autorisé à spéculer à la baisse. S'il y spécule, il a beaucoup de facilité pour y travailler ; ainsi, les révoltes contre les droits réunis auraient pu être très profitables à certains employés de nos finances, spéculateurs à la baisse.

Tolérer une pareille anarchie financière, c'est vouloir qu'elle produise toutes les autres, en réduisant l'État à l'impossibilité de disposer des hommes et des choses moyennant juste et préalable indemnité. Il est donc de l'intérêt suprême

de l'État que son crédit soit dignement représenté
à la Bourse , et qu'aux efforts du syndicat des receveurs-généraux se joignent ceux d'une association d'utilité générale , dont le Roi serait le chef
véritable ; tous les fonctionnaires , tous les négocians estimables seraient de vrais auxiliaires.
Cette association peut et doit se montrer avec
une majesté qui ne serait point indigne de la
plus belle et de la plus généreuse des couronnes ,
dès que l'intérêt suprême des États et celui de
l'humanité seront mieux entendus.

C'était grande pitié d'entendre les fonctionnaires de la justice et de la police de Charles X se
plaindre de manquer d'argent pour faire régner
l'ordre et le bonheur promis , et de voir d'autre
part le Roi Très-Chrétien donner à Notre-Dame
une Vierge d'argent massif , une châsse de saint
Vincent-de-Paule non moins précieuse. C'était
une pitié bien plus grande encore de voir cette cour,
étrangement dévote , faire des profusions pour
le luxe de la chasse , des équipages , des gardes ,
et se plaindre de ne pouvoir subvenir aux nécessités de la sûreté générale. C'était méconnaître
étrangement l'intérêt suprême du royaume et de
l'humanité que de laisser survenir toutes les conséquences de l'impuissance ou du parjure , sous
prétexte qu'on ne voulait participer en rien aux
opérations de bourse , alors qu'elles auraient

produit cent vingt millions de bénéfice matériel et des conséquences morales incalculables.

Il ne fallait pour cela qu'un peu des études et de la bonne foi promises. Toute la banque, tout le commerce, toute l'industrie, toute la richesse foncière eussent béni, secondé le gouvernement.

J'ose le dire, plusieurs bureaux et administrations financières se sont conduits, se conduisent encore au 19 octobre 1830, comme s'ils étaient payés non par la France, mais par des étrangers envieux des moyens de force et de prospérité qui nous restent. Il n'est point surprenant que nous ayons eu cinq ministres des finances, et que nous soyons près d'en avoir six, en moins de trois ans. Ces ministres ont ou méconnu le suprême intérêt de la France et de l'humanité, qui consistait à nous préserver du refus d'impôt, et de la guerre civile, ou ils n'ont pu faire reconnaître par la cour cet intérêt suprême.

Le Roi lui-même prouve qu'il n'a pu accomplir, comme j'ai annoncé qu'il ne le pourrait, le serment pour l'intérêt, le bonheur et la gloire du peuple. Ces preuves résultent des paroles solennelles adressées par Sa Majesté à la garde nationale, hier 19 octobre ; en voici le texte : « Il est temps de faire cesser cette déplorable agitation ; il est temps que le maintien de l'ordre public fasse

renaître la confiance ; que cette confiance rende
au commerce son activité, et assure à chacun le
libre exercice de tous les droits que le devoir du
gouvernement est de protéger et de garantir... »

... « C'est ainsi que sera réalisée cette espérance
que j'ai proclamée avec tant de joie, que désormais
une Charte sera une vérité... Je dois, nous devons tous, repousser ces indignes attaques, de
quelque masque qu'elles se couvrent, et répondre
à ce que la France a le droit d'attendre de nous.
Je m'y dévouerai tout entier. »

Certes, il est impossible d'avoir preuve plus
certaine que les efforts du Roi n'ont pas été, jusqu'au 19, couronnés du succès. Mon devoir est
maintenant d'affirmer que, sans un conseil spécial, en permanence jour et nuit dans le palais
de Sa Majesté, qui prouve au peuple agité que le
Roi est toujours en garde et en mesure, le peuple
se croira obligé de pourvoir lui-même à l'ordre à
sa manière. Je n'en ai pas moins la conviction
intime que ceux qui travaillent obstinément à la
perte de la maison du Roi, ne sont point désarmés ou calmés par l'acte nouveau de Sa Majesté.
Le peuple, d'ailleurs, est las de paroles, et veut
des effets pour son bonheur réel, comme le Roi
même reconnaît que ce peuple est en droit d'en
vouloir. C'est dans le palais de Sa Majesté, dans
la Bourse, les comités de bienfaisance, que les

dernières paroles du Roi doivent, pour l'ordre et l'harmonie désirables, produire les effets qu'auraient dû produire les premiers actes de Sa Majesté.

Si les agitateurs ne sont point démasqués, c'est qu'on l'a voulu. Contre le vœu formel du Roi, on les a préservés d'être démasqués, en repoussant les moyens spéciaux de le faire avec succès. Des ambassadeurs et deux ministères paraissent fort intéressés à ce que les dernières paroles de Sa Majesté restent sans effet...

Cependant le peuple s'apprête à se venger du parjure. La garde nationale, exténuée, n'opposera qu'une digue impuissante.

En supposant même qu'elle en eût la volonté, elle n'en aura point la force matérielle, parce que les intérêts prépondérans inclineront vers de nouveaux actes de souveraineté populaire. Toute la question de l'accomplissement ou du défaut d'accomplissement des obligations du Roi, se trouve dans l'interprétation du suprême intérêt de la France et de celui de la civilisation, et dans l'organisation des institutions fondamentales; dans les mesures urgentes qui doivent enfin faire prévaloir cet intérêt suprême sur le cours de nos destins. Comme je n'ai pu concourir à faire adopter, aussitôt qu'il l'aurait fallu, l'établissement d'un conseil spécial de renseignemens et d'améliorations générales dans le palais du Roi , les affaires , pendant nos dernières agitations , s'y sont encombrées de manière à ne pouvoir plus être examinées , jugées , appliquées par cet unique établissement, et avec la célérité requise dans cette grande impétuosité des intérêts qui s'entre-choquent et que je n'ai cessé d'annoncer. Ainsi , au 20 octobre , il conviendrait d'instituer aux Tuileries , maintenant désertes , les bureaux ou comités de renseignemens et d'améliorations qui suivent :

1º. Pour le maintien de la prérogative royale dans ses rapports avec l'intérêt suprême de notre époque ;

2º. Pour aider le ministère de la justice ;

3º. Celui de l'intérieur ;

4º. Celui des finances ;

5º. Celui de la guerre ;

6º. Celui de la marine ;

7º. Celui des affaires étrangères ;

8º. Celui de l'instruction publique.

Tout ce qui a des rapports complexes avec la prérogative royale , l'époque actuelle et les divers ministères , serait porté à ces divers bureaux ou comités ; et là toutes réponses convenables seraient faites sur-le-champ au nom du Roi; toutes audiences seraient données , toute justice serait rendue à qui de droit. Les prompts renvois à Sa Majesté ou aux ministères spéciaux obtiendraient d'autant plus sûrement les effets qu'ils doivent obtenir pour l'intérêt suprême du Roi, du peuple et de l'humanité, que les divers ministères et la royauté elle-même trouveraient dans les comités permanens, jour et nuit, d'immenses traits de lumière, et des contrôles salutaires exempts de toute espèce d'inconvéniens.

Nous avons tous assez à faire en suivant la ligne tracée par nos sermens, sans nous livrer à des écarts qui nécessiteraient bientôt de nouveaux sermens, et peut-être de nouveaux parjures ; je ne puis trop le répéter, pour nos chefs et pour nous, l'impuissance prolongée est un parjure. Prétendre que l'on ne peut unir la foi du crédit quand on a uni la foi des sermens qui emporte l'union rigoureuse des facultés, c'est bien évidemment un grave symptôme des dispositions au parjure. Nous n'en sommes point réduits, comme le fut, à une époque mémorable, la Grande-Bretagne, à l'extrémité de donner un cours forcé aux billets de banque, aux bons du Trésor public, ou comme on le donna jadis aux assignats; mais si l'on veut de bonne foi éviter que de nouveaux assignats fondés sur la spoliation exercée contre toutes les fortunes odieuses ou suspectes, aient un nouveau cours forcé, l'on doit se hâter de mettre en activité l'union de tous les crédits salutaires et légitimes. Tel serait encore le but de la mesure urgente qui vient d'être proposée.

Prétendre que l'union indispensable puisse exister sans des institutions complémentaires, avec une administration dont l'impuissance est constatée par l'aveu même du chef suprême, c'est vouloir toutes les conséquences rigoureuses et mortelles de l'impuissance ou du parjure.

Au moyen général de confiance que je viens de fonder sur d'aussi graves motifs, se joint une considération locale qui n'est point sans importance. Tant que le Roi voudra demeurer à son Palais-Royal et non aux Tuileries, les comités proposés auraient l'avantage de débarrasser le Palais-Royal d'une foule immense qu'y attirent, à chaque instant du jour et de la nuit, tous les objets qui tomberaient nécessairement dans les attributions des comités permanens aux Tuileries. Dès-lors on aurait beaucoup moins d'occasions de remarquer au Palais-Royal, ou dans toute autre résidence personnelle du Roi, ce flux et ce reflux de monde, d'intérêts, de renseignemens, d'exigences, de vœux confus; le Roi, libre d'une foule innombrable de détails, pourrait se livrer tout entier aux graves méditations qu'exigent l'accomplissement régulier de tous les sermens, l'harmonie de toutes les fidélités aux lois di-

vines et humaines, à l'intérieur comme à l'extérieur.

Je ne doute point que le seul fait des comités
permanens ne produisît une grande incertitude
dans les manœuvres de ceux qu'il importe de démasquer. Un conspirateur est d'autant plus pru-
dent, qu'il a moins de chances pour agir dans
l'ombre; si donc quelques agens ministériels,
dont l'impuissance est constatée, s'opposaient
aux mesures efficaces qui sont soumises, on serait fondé à les regarder comme protecteurs, sinon comme auxiliaires ou complices des conspirateurs.

Au moyen des institutions proposées, la licence
de la presse, même la plus étendue, aurait toujours l'avantage d'indiquer les vices du corps social, ne fût-ce que dans la personne du seul
écrivain : à cette indication serait immédiate-
ment jointe la faculté de remédier aux symptômes vicieux, sans blesser les libertés ; le peuple,
plein de confiance dans une administration qu'il
verrait marcher énergiquement, activement,
jour et nuit, sur la ligne droite de son intérêt,
de son bonheur et de sa gloire, le peuple serait
aussi difficile à égarer qu'il y est facile, sous une
administration dont l'impuissance est constatée,
et dont on s'apprête à constater le parjure ; les
égaremens du peuple seraient très rares, parce

qu'il aurait, dans la prompte réponse à toutes ses demandes, une règle de conduite toujours présente; mais, je ne puis trop le répéter, la règle de conduite la plus éloquente serait celle qui procurerait au peuple l'argent nécessaire à sa subsistance et à son utile travail, au taux le moins usuraire, le moins onéreux, c'est-à-dire au taux le plus rapproché de six ou même de quatre pour cent par an. Il est des malheureux qui, par suite des événemens de juillet même, sont réduits à emprunter à plus d'un pour cent par mois, c'est-à-dire à plus de douze pour cent par an. Je suis certain que le Mont-de-Piété de Paris doit attester la vérité de cette assertion, à moins que le peuple n'ait été payé de part et d'autre pour s'abandonner à la guerre civile; ce qui serait le comble du mépris des grands intérêts, du bonheur et de la gloire de la France et de l'humanité.

Il n'est point douteux que les importantes vérités par moi adressées au Roi, il y a plusieurs jours, pour démasquer les agitateurs dont vient de se plaindre Sa Majesté, ne soient demeurées sans réponse; jamais, cependant, jugement et justice ne furent plus urgens. Je ne mets pas en doute que si, dès le premier jour, justice eût été faite à la révélation, prescrite dans les vingt-quatre heures par l'article 103 de notre Code de sûreté, les agitations qui ont troublé le Roi, même dans son palais, directement prévues, eussent été facilement prévenues ; dès-lors la garde nationale n'aurait point été dérangée et forcée à des sacrifices considérables, comme elle l'a été, parce qu'il n'y a pas eu dans le palais du Roi un nombre suffisant d'hommes de confiance, pour ouvrir, classer, analyser, juger et mettre à profit les traits de vérité.

Toujours parler de vérité, toujours invoquer le concours des bons citoyens, comme vient encore de le faire le Roi, dans ses réponses solennelles, retracées par le *Moniteur* de cejourd'hui même 21 octobre, et ne jamais effectuer ces paroles, c'est être, en apparence, plus qu'impuissant..... je dois dire, c'est prouver que le Roi actuel est, comme l'ont été, depuis quarante ans, tous les chefs ses prédécesseurs, mis dans l'impuissance d'accomplir ses plus grandes obligations.

Dans tous les théâtres, la foule vient applaudir aux traits de Napoléon, qui y sont représentés avec toute la fidélité possible. Je supplie qu'on ne s'y trompe pas : Napoléon est l'homme des hautes capacités, élu pour ses grands faits d'armes, à jamais célèbre par son génie. Hier, à la Porte-Saint-Martin, le peuple, qui avait salué Charles X et le Dauphin par de si tumultueux

applaudissemens, ce même peuple a salué l'image
théâtrale de Napoléon ; bientôt il pourrait sa-
luer la personne du fils de l'immortel guerrier.
Dans ce même spectacle, les outrages n'ont point
été épargnés à la déchéance des Bourbons ; un
léger correctif, il est vrai, a été mis en faveur
du Roi actuel ; mais, quoi qu'on dise, il est
Bourbon, il descend de Henri-le-Grand : que les
flétrissures continuent, et l'on fera disparaître le
correctif ; il est placé comme s'il était destiné à
cette suppression.

De même que j'avais justement annoncé l'expulsion de Charles X, d'après les preuves qu'en
manifestait, au théâtre, l'opinion populaire, de
même je crains d'être obligé de faire une déclaration analogue pour Louis-Philippe et la branche cadette des Bourbons, que l'on dit tout bas
ne point valoir mieux que l'aînée.

Avant-hier, à la représentation de *Tartufe*,
dans le Théâtre-Français, on a deux fois applaudi,
comme on applaudissait sous Charles X, le trait :

Nous vivons sous un prince ennemi de la fraude.

Ces applaudissemens, réunis aux faits matériels
du Palais-Royal, peuvent attester que le peuple
attend avec une redoutable impatience l'accomplissement vrai des sermens pour l'intérêt,

le bonheur et la gloire de la France attentive, impérieuse comme l'humanité entière.

Sans l'ingénieuse et la courageuse résistance du général Dauménil, commandant à Vincennes, qui eût fait sauter cette citadelle dans le cas où le peuple y aurait pénétré pour massacrer les ex-ministres, un grand acte de violence contre la justice suprême du Roi, la constitution, l'intérêt suprême de la France et de l'humanité, eût été commis, à la honte du siècle et du Roi; toutefois, le trait prouve combien est grand le danger que nous fait subir l'anarchie.

Une immense quantité de citoyens sont arrêtés pour agitation politique, par la garde nationale, déjà très fatiguée du métier des gendarmes, si odieux à Paris; les trompeuses illusions du *Moniteur*, si rigoureusement anéanties par les faits, depuis quarante années, ne peuvent empêcher un Roi, ami de la vérité, de pénétrer le fond des choses.

Tous les faits confirment donc les révélations qui établissent qu'au mépris de l'intérêt suprême de la France et de l'humanité, par le fait d'une conspiration intérieure et extérieure, qu'il est facile de démasquer, si on le veut de bonne foi, Louis-Philippe n'a point cessé, au 20 octobre, de se trouver en danger d'être tué ou chassé, comme l'ont été, sans exception, tous les chefs ses prédécesseurs, depuis quarante années ; et, comme je l'ai annoncé dès les premières lignes de ce XXIe. tome, cette mort ou cette expulsion sera la conséquence rigoureuse de l'impuissance ou du parjure, lesquels auront encore pour rigoureuse conséquence, la ruine, la destruction de Paris, exténué par ses guerres civiles ; le démembrement de la France, envahie par les armées étrangères, et le massacre d'un grand nombre d'hommes.

Sire, dans l'intérêt direct et suprême de votre maison, de votre couronne, de votre sûreté ; dans ceux de la patrie, de l'humanité, de nos sermens, ne me refusez plus jugement et justice ; exaucez ma prière, accordez-moi audience ; acceptez la dédicace du présent ouvrage comme un témoignage de l'ardent amour de la vérité qui vous élève au-dessus des considérations habituelles d'étiquette ou d'amour-propre ; adressez, je vous en conjure, le présent travail et tous ceux de même nature, que Votre Majesté pourra recueillir, aux Français sur le génie et la fortune desquels Votre Majesté sera le mieux fondée à compter : MM. Laffitte, Rotschild, Perrier, Delessert, de Rougemont, Ternaux, les régens de la Banque ; MM. Dupin, d'Aligre, de Boissy, de Choiseul, et une foule d'autres Français, sont, par leur fortune, leur génie, leur courage, leurs

intérêts suprêmes, dignes d'être associés à Votre
Majesté. Convoquez-les, Sire, autour de votre
personne, pénétrez-les de la vérité de cette alternative : ou la ruine commune, ou l'amélioration
commune du cours de nos destins, exigée par les
sermens et la grandeur des circonstances.

Sire, daignez considérer l'urgence de l'institution spéciale des comités de renseignemens et
d'amélioration en permanence, qui établira rapidement, et sans intermédiaires d'une fidélité
équivoque, l'échange indispensable et constant
des vérités utiles à Votre Majesté et à ses concitoyens. Fondez cette institution, et bientôt le
peuple et la garde nationale obtenant la certitude que vous êtes réellement en position de régner, d'accomplir vos sermens, se reposeront
avec calme du soin de leurs destinées sur une
puissance véritablement organisée pour les améliorer.

Bien informé du véritable état des choses, fondez l'association d'utilité générale qui, décuplant la force de l'amortissement, en décuple les
effets. Que le cours des fonds atteste votre mémorable victoire à la Bourse contre l'usure et la
dépréciation des valeurs; que d'immenses bénéfices vous enrichissent, Sire, vous et vos amis,
des dépouilles des ennemis de votre crédit, qui
tendent à vous dépouiller même de votre patri-

moine ; que Votre Majesté déclare ne vouloir toucher sa liste civile qu'en bons du Trésor à un an de date.

Que le Mont-de-Piété cesse d'attester l'impuissance ou le parjure de nos chefs , et les motifs légitimes de la désaffection populaire ; que douze cent mille francs de vos propres revenus soient affectés à des actes réguliers de bienfaisance et à récompenser annuellement les vertus civiques dans votre résidence royale. Faites, je vous en conjure , ce qu'a pu faire dans sa résidence rurale M. le vicomte Morel de Vindé ; qu'une prompte et parfaite organisation des comités de bienfaisance dans tous les ressorts des justices de paix donne, par les effets du crédit, la jouissance anticipée des consolations qu'il est raisonnable d'espérer et facile d'obtenir. Que chacun de vos nombreux sujets qui travaillent gagne quatre sous de plus par jour , et nos revenus seront améliorés dans leur ensemble de quatre millions par jour, de douze cents millions par an, notre capital, de quarante milliards, et notre budget d'un demi-milliard.

Sire, que le clergé soit appelé à vous seconder librement et dignement dans cette voie; qu'un centre d'harmonie religieuse, une maison des hautes études dont les fonds ont déjà été votés par nos chambres législatives , concoure de tous ses moyens à l'harmonie, à la force, au crédit, à l'intérêt suprême de la France et de l'humanité, qui est identique avec le suprême intérêt de la religion. Que le clergé soit doté, secouru, récompensé, en bons royaux du Trésor public, à l'effigie de Louis-Philippe ; qu'il acquière la certitude qu'un tel bon, offrant un revenu de trois pour cent et d'un transport plus sûr et plus facile que l'argent, lui est préférable ; qu'à l'exemple et par l'effet des instructions du clergé, dans les campagnes même les moins instruites, le crédit du bon royal, source vivifiante de travail et de bienfaisance, soit de même jugé préférable, comme il l'est réellement, à l'or, à l'argent, au cuivre, qui constituent nos monnaies.

Que la facile mobilisation des titres de rente, transférables par simple voie d'endossement, remplace en tous lieux le numéraire exporté, le numéraire stagnant, les métaux qu'emploient notre luxe ou nos besoins ; que ces titres de rentes, en un mot, soit pour la bienfaisance, soit pour les transactions pécuniaires, soit pour les grandes ressources de l'État, dans les crises les plus terribles, attestent que la France, confiante en elle-même, ne manquera jamais de valeurs représentatives tant qu'il lui restera une valeur réelle.

Que les étrangers sachent qu'au besoin douze

cent mille Français, armés et bien entretenus, peuvent, sans grever l'État, autrement que d'une centième partie de sa fortune, imprimer un respect salutaire à toute espèce de coalition ; la seule perspective de cet immense crédit, garant de l'harmonie de cette immense population, fera que chacun tendra beaucoup plus à imiter la France et Votre Majesté dans la carrière de toutes les améliorations, qu'à les contrarier.

Qu'une loi de crédit en bons royaux, jusqu'à concurrence de cent millions, soit présentée aux Chambres dès leur prochaine ouverture, avec la faculté donnée au gouvernement d'étendre cette union de crédit en proportion de toutes les altérations qui pourraient être prévues dans toutes les sources et branches de la prospérité publique; que les bénéfices provenant de cette union soient destinés à l'extinction progressive des impôts les plus onéreux au peuple. On devait prévenir la détresse du commerce et des ouvriers puisqu'on reconnaît légalement la nécessité de venir à leur secours ; sous tous les rapports, il est urgent de rétablir l'harmonie et de prévenir de nouvelles altérations.

Par une telle marche, Sire, un budget de quinze cents millions sera plus facilement réalisé que ne pouvait l'être un budget de neuf cents au temps de Charles X, où l'on se refusait obstinément à marcher dans le sens des progrès de l'intelligence et de la population. Sire, par une telle marche, le Roi des Français serait constamment l'arbitre suprême de l'application des traités de paix et d'harmonie qui lient aujourd'hui tous les grands États du monde civilisé ; des traités qui ont promis au monde repos et bonheur, et que les peuples désespérés s'apprêtent à prendre pour texte d'accusation d'impuissance ou de parjure, contre les chefs des cabinets européens. Ces mêmes textes, mis en comparaison avec l'état misérable des peuples, justifieraient, si l'on ne se hâte d'y mettre ordre, les révoltes et les nouvelles attaques contre les résidences royales. Sire, je ne puis me dispenser de revenir ici sur les opinions de l'opulent comte Roy, qui sont partagées par certain nombre d'hommes estimables : ils se plaignent du défaut de consommation et d'exportation ; ils attribuent à ce défaut les souffrances du peuple. Sire, daignez considérer et leur faire observer que les deux tiers de nos compatriotes ne sont point suffisamment bien nourris, vêtus, logés, pourvus d'instrumens de travail.

Au premier rang des instrumens de travail est l'argent, ou mieux le crédit. Les laboureurs qui conduisent mes charrues, comme domestiques, ont eu la confiance qu'ils seraient bien payés, bien nourris ; j'ai donc obtenu crédit sous ce rapport. Je puis ne les payer qu'au bout d'un an, et, avant cette année révolue, leurs travaux m'auront procuré les récoltes, les bénéfices nécessaires au paiement. S'ils sont bien instruits, ils préféreront être payés en un bon royal portant intérêt et d'un transport facile. Dans tous les travaux et tous les gouvernemens, il est des économies ruineuses. J'ai perdu, en 1816, pour 700 fr. d'une récolte de blé pour avoir économisé un fossé de 72 fr. que j'ai fait un an plus tard. Je puis citer la prétendue économie qui a ruiné le gouvernement de Charles X et doit ruiner le vôtre. Ce que je dis des ouvriers de ma culture s'applique à tous les ouvriers de l'industrie nationale, à tous les développemens de l'intelligence humaine. L'argent n'est une nécessité que dans les temps de défiance et d'alarme; Sire, l'intérêt suprême de la France et de l'humanité est d'être préservées de ces temps calamiteux de défiance où il faut de toute nécessité de l'argent, et où il est matériellement impossible d'avoir cet argent. Les écrivains ont en ce genre une glorieuse tâche à remplir, en secondant comme ils le doivent les consolations que Votre Majesté est obligée de répandre sur la patrie et sur l'humanité entière. Je le répète, cinq millions donnés en bons royaux à un conseil supérieur d'écrivains estimables, produiraient avant un mois, dans la fortune française, une amélioration de plus de cinq cents millions, et le chiffre du cours de nos effets publics marquerait indubitablement le taux de cette amélioration.

Sire, en étendant sur le crédit foncier les lumières, le patriotisme de Votre Majesté et de l'association dont elle serait le chef, les valeurs hypothécaires qui sont cotées moins de six cents francs peuvent facilement s'élever à douze cents francs, et donner lieu à d'immenses bénéfices, réalisables sous peu de jours. Que la législation hypothécaire reçoive les améliorations reconnues désirables; que l'institution de la caisse organisée à Paris soit purgée de vices qui l'entachent, et bientôt on aura la certitude que nos cinquante millions d'hectares de terre peuvent être améliorés en revenus du produit moyen de vingt-quatre francs par hectare, et de huit cents francs en capital. Toutes les chances d'améliorations dont une propriété est susceptible forment une portion intégrante de la valeur de son capital. Ainsi, sous le rapport de l'amélioration territoriale, la possibilité d'un accroissement de douze cents millions en revenus et de quarante milliards en capital, se coordonne avec l'efficacité des travaux plus fructueux; les capitalistes, les reproducteurs, les consommateurs, de même que les contribuables et les parties prenantes dans le budget, sont unis par des intérêts identiques et indissolubles.

La dissolution de ces intérêts serait la dissolution même de la société ; leur harmonie constitue la force et la vie de la grande famille des humains.

Sire, c'est ainsi que ma fidélité interprète le serment qu'a fait Votre Majesté de ne régner que dans la seule vue de l'intérêt, du bonheur et de la gloire du peuple français ; c'est ainsi que ma fidélité interprète les conséquences de l'accomplissement d'un tel serment, et celles de l'impuissance ou du parjure.

Dans le suprême intérêt de la France et de l'humanité, il est urgent que Votre Majesté sache que les agitateurs qu'elle veut démasquer ont une organisation tellement redoutable, qu'ils ont pu, dans la même semaine, faire manquer le blé sur les marchés de plusieurs villes du centre de la France, et réduire ainsi au désespoir une partie notable de la population ; ce qui a compromis toutes les fortunes, tous les crédits, et notamment celui du Trésor, dans la perception de l'impôt. L'archevêque et le receveur-général du chef-lieu de la division militaire sont les très proches parens, les alliés intimes d'un ministre prévenu de haute trahison et d'avoir fait couler le sang français par des mains françaises, au moyen d'un affreux guet-à-pens; l'archevêque et le receveur-général du chef-lieu que je signale pourraient donner de grands éclaircissemens sur les sommes qui ont été employées à faire manquer simultanément le blé, à pousser le peuple à la révolte, à lui faire piller, incendier, maltraiter les employés des droits réunis. Je connais à cet égard personnellement un grand nombre de faits qui pourraient aussi donner un jour spécial sur des circonstances qui ont agité les citoyens réputés les plus pacifiques de France; mais je dois me hâter, dans l'intérêt le plus élevé, d'arriver aux considérations générales qui sont relatives aux facilités que l'apparente rareté des grains peut donner aux agitateurs.

Je lis dans le rapport fait par M. le comte de Saint-Cricq, sur la loi des tarifs d'importation des grains, les passages qui suivent :

« Ces questions, Messieurs, plusieurs d'elles
» au moins sont graves autant que délicates ;
» beaucoup de recherches et de longues médi-
» tations seraient nécessaires pour les résoudre. »

. . . .

« Et n'est-il pas odieux que la population
» d'une de nos plus vastes cités soit condamnée,
» par l'effet d'un mensonge légal, à payer le blé
» trente francs, sans avoir le droit de recourir
» à l'étranger, alors que le vœu de la loi est

» qu'au taux de 24 francs l'importation com-
» mence et tende à rétablir l'équilibre. . . . »

. . . .

« Des prix modérés sont un bienfait pour la
» population, mais il ne faut pas craindre de
» dire que la vileté des prix est un mal pour les
» producteurs et une cause de découragement
» pour la production. . . . . »

. . . .

« Les saisons propices continuant à se suc-
» céder et les prix à décroître, le propriétaire
» souffrait, et la souffrance rend souvent injuste. »

. . . .

« Des alarmes universellement répandues
» dans vingt départemens, par cela seul qu'elles
» existaient, aggravaient le mal auquel elles
» demandaient un remède. . . . . . . »

. . . .

Les inquiétudes sur les grains furent, avant
les chutes de Louis XVI, de Napoléon et de
Charles X, de grands motifs d'agitations populaires ; les vœux solennels de Votre Majesté, qui
tendent à mettre un terme à ces agitations, ne
peuvent être accomplis qu'autant que toutes les
communes auront la certitude d'être à l'abri des
horreurs de la famine.

Ce n'est qu'en juillet 1831 que les récoltes
françaises offriront le blé disponible ; d'ici là, de

sages importations, nos approvisionnemens de viandes, de légumes, de fruits, de liqueurs spiritueuses, offrent d'abondans moyens supplémentaires à l'existence, à la force, aux travaux de la population. Cependant il est des contrées malheureuses que la grêle et autres intempéries ont plus absolument ruinées. Les indemnités données sur les fonds de non-valeur ne sont que de cruelles dérisions qui font maudire le gouvernement quand on compare la mesquinerie de ces indemnités avec l'énormité des pertes.

Je le demande au ciel, à l'univers, à Votre Majesté, ne valait-il pas mieux, pour Charles X, pour Napoléon et Louis XVI, s'occuper de la satisfaction du peuple sur ce point important, que de consumer la plupart des jours dans les vains débats, les vaines formules qui ont absorbé les neuf dixièmes de la vie de ces chefs, et contribué par là au désespoir du peuple, à leur mort ou à leur expulsion.

Le rapport lumineux du comte de Saint-Cricq atteste que les hautes questions du mouvement et de la reproduction des grains et de la subsistance du peuple, qui devraient être résolues depuis plus de quarante ans, sont encore indécises. Sire, depuis ces mêmes quarante années, la population qui, en France, n'était que de vingt-cinq millions, vivant avec peine, s'élève aujourd'hui à trente-trois, et peut s'élever à trente-six, pour l'intérêt, la gloire et le bonheur desquels Votre Majesté a promis de régner, parce que la sagesse éternelle a dit aux hommes : Croissez et multipliez.

Napoléon et Charles X avaient fait des sermens analogues ; tout ce que j'ai imprimé, tout ce que j'ai prévu relativement à l'aisance, à la satisfaction, à la force des masses populaires sous Napoléon, Louis XVIII et Charles X, s'applique donc aux agitations qui doivent fixer la sollicitude de Votre Majesté, spécialement pour les derniers mois de 1830, pour les sept premiers de 1831, et généralement pour tout le règne de Votre Majesté ; fût-il affligé par des années de disette, il n'y aurait point à désespérer. Pour que ce règne soit calme, prospère et glorieux autant qu'il peut l'être, une importante considération se présente ici ; je supplie Votre Majesté de la mettre à profit.

L'agriculture française, en saison ordinaire, produit, malgré la privation de bras encore sensible, et par la seule supériorité de l'intelligence, douze cents millions de plus qu'elle ne produisait en 90. En effet, sept millions d'individus, à un demi-franc par jour chaque tête, pour être nourris, vêtus, chauffés, logés, demandent une dépense journalière de trois millions cinq cent mille francs qui, multipliés par trois cent soixante-cinq, présentent un besoin égal pour l'année à la somme d'un milliard deux cent soixante-quinze millions cinq cent mille francs (1). Voilà donc le progrès matériellement prouvé, mais le bien obtenu n'est encore que l'indication du bien qui est à obtenir en ce genre.

Nous avons pu résister à toutes les pertes, à toutes les dépenses que nous ont fait subir, depuis quarante années, des guerres civiles ou étrangères multipliées, et l'on n'a point su faire à propos les dispositions de temps et d'argent ou de crédit nécessaires pour prévenir ces pertes et ces dépenses incalculables. Un crédit annuel de quarante-cinq millions, ouvert à l'agriculture dès la paix de 1783, eût puissamment contribué à la satisfaction du peuple et à prévenir les maux de la révolution que Votre Majesté déplore dans ses actes solennels. Pareil crédit de quarante-cinq millions accordé à l'agriculture, sous Napoléon, après la bataille d'Austerlitz, eût assuré le repos et le bonheur qu'il promettait au monde ; pareil cré-

---

(1) Vingt-cinq millions d'habitans doivent avoir douze millions cinq cent mille francs par jour, par mois trois cent soixante-quinze millions, et par an quatre milliards cinq cents millions.

dit, ouvert à l'époque de la restauration des Bourbons, eût puissamment contribué à réaliser les
mêmes promesses de repos et de bonheur faites
par les actes mêmes de cette restauration. Au lieu
de douze cents millions que notre agriculture produit en 1830 de plus qu'elle ne produisait en 90,
cette agriculture produirait au moins une surabondance égale à deux milliards quatre cents
millions.

Aujourd'hui l'avenir seul nous appartient. Un
crédit de quatre-vingt-dix millions en bons
royaux, ouvert en novembre prochain à un bon
ministre de l'agriculture et du commerce, produirait en 1831 une amélioration décuple de ce
crédit, moins rapidement encore par l'appui matériel que par l'appui moral qui résulterait de
l'application des vrais principes.

La France, instruite et laborieuse comme
Votre Majesté désire qu'elle le soit, pourrait, sous
le rapport de la culture des plantes légumineuses,
opérer une amélioration de trois cents millions,
ce qui n'est que le tiers de l'amélioration obtenue
en ce genre par la Grande-Bretagne. Les améliorations opérées de 1820 à 1830 sont considérables,
comme elles le seront toujours dans toute espèce
de paix; mais elles sont loin du terme qu'elles
pouvaient obtenir. Les tableaux que j'avais présentés à la Société d'encouragement, en 1807,

puis à Napoléon, à Louis XVIII et à Charles X, page 231 du tome remis en main propre à ce dernier prince, et adressés à Votre Majesté, n'ont point été révoqués en doute par une discussion contradictoire. Les inquiétudes, les agitations actuelles qu'occasionnent les subsistances, rendent tout ce que je disais en 1823 applicable, avec une nouvelle urgence, à 1830 et 1831. Que nos Chambres soient bien convaincues, comme elles peuvent l'être si facilement, que les prétendues économies, dans les crédits à donner aux améliorations agricoles, ont été, de toutes les parcimonies, les plus ruineuses, et l'on aura fait un pas immense dans l'intérêt suprême de la France.

Puisque l'agriculture française a prospéré malgré toutes les guerres qui devaient la ruiner de fond en comble, il est évident que sa force de progression est irrésistible et indestructible, quoique cette agriculture ait souvent langui par l'insuffisance de l'appui qui lui a été donné ; insuffisance que Votre Majesté elle-même a constatée. Il faut donc reconnaître que la richesse du territoire est la base la plus solide de la force et du crédit national, comme les améliorations agricoles, la satisfaction des peuples, sont les garanties les plus parfaites de la stabilité, du triomphe des dynasties.

Tout chef de France qui laisse le peuple agité par la crainte de manquer de subsistance, de travail, de crédit, est un chef au moins impuissant, s'il n'est parjure. Faire tout ce qui est possible afin d'assurer le bonheur du peuple, est toujours une condition de légitimité. Que cette légitimité soit héréditaire ou élective, la condition est également rigoureuse. Louis-Philippe qui a promis le bonheur, et qui d'ailleurs est obligé de le faire, peut-il en obtenir le moyen général et complexe s'il soumet le jugement de ce moyen général de stabilité, de bonheur, à des ministères, à des bureaux qui, mauvais juges de leur propre situation, ne peuvent se conserver eux-mêmes? Il serait on ne peut plus dangereux de le penser; ce serait vouloir prolonger les causes du désespoir, et préparer la mort ou l'expulsion du Roi actuel.

Le vrai moyen de faire que Louis-Philippe sorte de l'ornière des périls, c'est d'adopter un mode de jugement autre que celui dont une expérience sans réplique a constaté les vices. Tel serait un conseil spécial de renseignemens et d'améliorations générales. Un peuple ne peut bien travailler, bien servir pour le bonheur de l'État, s'il n'est, lui peuple, nourri, vêtu, administré, éclairé convenablement. Quand l'expérience a prouvé qu'il ne l'est pas, c'est l'irriter par une

cruelle injustice que de prétendre que l'administration actuelle est suffisante. Le moyen d'accomplir les obligations royales pour le bonheur
commun , ne peut donc être bien jugé , bien
appliqué, que par une institution spéciale qui ne
reculera point , comme recule chaque ministère,
devant un moyen complexe de bonheur. Le président du conseil n'ayant point de portefeuille
spécial , serait le haut fonctionnaire compétent
pour le jugement et l'action des sections réunies
du conseil spécial d'exercice, de compétence et
de puissance directes de l'autorité royale. Alors
on concevrait une royauté , une liste civile réellement dignes des trente millions qui leur sont al-
loués. Enfin , l'affection et les bénédictions du
peuple deviendraient constantes, sincères et ré-
fléchies comme elles doivent l'être pour l'intérêt
général et suprême.

Toute société n'existant que pour la garantie
mutuelle des obligations et des intérêts, je suis
fondé à dire que le conseil proposé serait appelé à
les juger dans leurs rapports avec la conservation
de la branche d'Orléans. Les hautes questions de
stabilité ou de triomphe , lorsqu'elles sont complexes , auraient enfin des juges. Il serait encore
dans les attributions du conseil de juger le moyen
de stabilité, de triomphe, qui résulterait pour la
branche d'Orléans d'une grande association de

facultés avec la Banque de France , dans l'intérêt identique du trône , de la capitale et de la subsistance du peuple. Un des plus beaux usages d'une liste civile de trente millions serait de garantir , jusqu'à concurrence du dixième de la même liste , les prêts ou escomptes de la Banque de France aux reproducteurs et conservateurs de grains. Que ces reproducteurs, ces conservateurs de grains puissent avoir à quatre ou même à trois pour cent par an les capitaux qui leur sont nécessaires , et l'on verra bientôt l'abondance précéder l'accroissement de la population , attester le bonheur du peuple et la suprême légitimité de la dynastie d'Orléans. La même garantie envers la Banque de France devrait s'étendre à tous les travaux utiles. La littérature , la librairie, ont puissamment concouru à l'élévation de la dynastie actuelle. Les chefs de cette dynastie, qui se félicitent des services, doivent être reconnaissans et donner leur appui aux bienfaiteurs devant la Banque de France.

Le prince royal commande un régiment et assiste aux délibérations de la Chambre des pairs. J'ose l'affirmer, dans le temps critique où nous sommes , la plus essentielle des places serait dans le conseil spécialement institué pour la conservation de la dynastie. Le Dauphin et ses amis n'ont tiré aucun parti des qualités de généralissime, de grand-amiral , de président du conseil supérieur de la guerre, des prisons, et autres dignités cumulées sur la tête de ce prince. Il faut, pour notre dignité, au moins reconnaître en lui de bonnes intentions, ainsi qu'en Charles X. Oui, pour l'honneur de la France, de l'Europe et du siècle, il faut convenir que Charles X et le Dauphin eurent de bonnes intentions et ne furent pas dénués de tous moyens de les réaliser, mais ils manquèrent des suprèmes moyens d'harmonie.

Pareille assertion s'applique à Louis XVIII, à Napoléon , aux chefs précédens. Il faut convenir que tous ces chefs n'étaient pas indignes de confiance. La France et l'Europe, qui ont donné des marques d'estime et de confiance à ces chefs, seraient déshonorées si ces mêmes chefs étaient jugés indignes de tels suffrages. En même temps, on doit convenir que l'adulation a trop peu ménagé Charles X et le Dauphin. La reconnaissance de cette vérité conduit à cette autre vérité, qui est que les bonnes intentions étant constatées par nos sermens et nos suffrages , l'insuffisance des institutions l'est de même. On peut donc affirmer que si l'on néglige encore de consolider les institutions par tous les développemens , tous les perfectionnemens qu'exige la grandeur des circonstances , Louis-Philippe et le prince royal son fils n'auront pas un meilleur sort que celui de

Charles X, du Dauphin et de leurs prédécesseurs ; ils inspireront d'abord la défiance, ce qui sera marqué par le déclin du crédit à la Bourse, le déclin des facultés du contribuable, déclin que ne justifiera point une guerre patente.

Puisque mon nouveau serment de fidélité m'oblige à soutenir, dans le suprême intérêt de la France et de l'humanité, d'après nos lois divines et humaines, Louis-Philippe et son fils, des sermens, des intérêts et des lois analogues les obligent à leur tour de me soutenir, moi et tous mes compatriotes qui sont dans le même cas. S'ils négligent de juger ou donner des juges pour les grandes et nouvelles questions qui s'appliquent à la grandeur nouvelle des circonstances, ils abdiquent leurs titres, ils se parjurent. Le Roi et son héritier sont trahis s'ils refusent attention, étude, jugement, justice, par l'effet de la malveillance de leurs entours ; le Roi, son héritier, méconnaissent le suprême intérêt de la France et de l'humanité, le suprême intérêt de leur maison, de leurs alliés et surtout de l'Angleterre, dont le petit nombre de francs tenanciers serait bientôt massacré par des masses désespérées.

Nos lumières modernes, nos suprêmes intérêts voulaient que Charles X et le Dauphin, leurs alliés, s'occupassent beaucoup plus du bonheur promis aux peuples que de la chasse et des revues,

des bâtimens et des cérémonies. Les traités et déclarations autorisent dans ces assertions. Rien
n'est changé à cet égard ; les vérités sont toujours
les mêmes ; elles sont préexistantes et survivantes
à toutes les formes de gouvernement, et à plus
forte raison à toutes les dynasties.

On reproche à Louis-Philippe de s'occuper
encore beaucoup plus des bâtimens de son Palais-
Royal, que de l'essence, que de l'âme, du bonheur
et de la fortune de l'État, c'est-à-dire du crédit
national ; on prétend que, sous ce rapport, Louis-
Philippe pourrait ressembler à Louis XIV, qui
fut réduit à dire à son petit-fils : « Ne m'imitez
pas, j'ai trop aimé les bâtimens. » Et cela, après
avoir laissé la France abandonnée à d'horribles
famines. Le Prince-Royal, dit-on, aimerait beaucoup plus le bal et la guerre, que l'étude approfondie des ouvrages d'économie politique ; mais
l'histoire des siècles crie à ce jeune prince : « Vous
n'êtes appelé à régner que par suite d'erreurs en
économie politique ; par suite des mêmes erreurs,
vous serez tué ou chassé. Hâtez-vous donc, jeune
prince, d'étudier les causes de l'agitation de ces
flots populaires qui entourent votre résidence,
font évanouir votre mère, et ruinent la santé de
votre père. Apprenez, instruisez-vous, dit la
sagesse éternelle aux juges de la terre, et, à
plus forte raison, aux jeunes gens qui sont

destinés à juger prochainement cette même terre. »

Un Roi n'a plus guère le temps d'étudier, mais un Prince-Royal peut toujours l'avoir : c'est le Prince-Royal qui doit, non seulement accueillir tous les renseignemens, et les coordonner dans l'intérêt commun, dans les rapports indissolubles du peuple et de la dynastie, mais encore, rechercher avec soin tous les renseignemens ; car il s'agit de la dissolution absolue de la France.

Le sang français doit couler, versé par des mains françaises, et, conséquemment, à la honte de la France et de son gouvernement toutes les fois que les chefs sont sans prévoyance ; et il n'est donné à l'homme de prévoir qu'au moyen d'études approfondies. Quand le devoir de la prévoyance est universel pour le bonheur, pour éviter le malheur des humains, les études doivent être également universelles.

L'adulation qui environne les princes, les détourne naturellement, et à notre grand préjudice, des devoirs de l'étude et de la prévoyance. Le grand moyen de faire que les princes ne soient pas victimes de l'adulation, c'est la liberté de la presse : ses écarts ne sont redoutables que lorsque les gouvernemens sont usés, iniques, imprévoyans ; la liberté de la presse est salutaire, même dans ses excès, pour un gouvernement fort qui veut connaître à fond tous les vices de l'humanité, afin d'en triompher avec plus de certitude. Nos lois actuelles contiennent plus de dispositions pénales qu'il n'en faut pour que la dynastie n'ait rien à craindre de la licence de la presse, si le Roi institue un conseil spécial occupé jour et nuit à en recueillir les salutaires avertissemens. Entre la plume de l'écrivain, la presse de l'imprimeur et la révolte du peuple, il y a toujours plus d'intervalle, plus d'autorité légale qu'il n'en faut pour n'être point victime de la licence, si l'on en a étudié, prévu les écarts, et si l'on a combiné tous les moyens d'en triompher.

C'eût été un grand acte de fidélité, même aux époques les plus brillantes des règnes de Louis XVI, de Napoléon, de Charles X, d'imprimer : « Notre » chef est en danger d'être tué ou chassé, par » suite de son impuissance ou de son parjure » dans l'obligation d'assurer le bonheur du peu- » ple. » Nul doute que les événemens aient confirmé l'inconvénient du défaut d'avis à cet égard. Les événemens qui succéderont à l'élévation de Louis-Philippe, attesteront le même inconvénient, si l'on n'y pourvoit.

Les moyens de consolider et faire prospérer la dynastie des Bourbons, que j'ai soumis au duc d'Orléans, comme au Roi et au Dauphin, en

1824 et en 1825, seront applicables en 1830 et
en 1831, comme ils l'eussent été aux règnes de
Henri-le-Grand et de Louis XIV; comme ils le
seront aux successeurs mêmes de notre Roi actuel,
qui est Bourbon de France, et allié des Bourbons qui règnent sur les Espagnes et sur les
Deux-Siciles. Il n'y a point une ligne dans ces
écrits et dans tous les écrits analogues, qui ne
puisse être un sujet d'études pour le Prince-Royal,
appelé à recueillir les héritages de Charles X, de
Napoléon et de Louis XVI. Les moyens de conserver ces héritages ont toujours consisté et consisteront toujours dans la satisfaction, la confiance du peuple.

Si l'adulation tue les princes, elle n'est guère
moins nuisible aux capitales et aux peuples, qu'elle
porte à déchirer leur sein de leurs propres mains.
J'aime et j'estime assez le peuple de Paris, celui
de France, et tous les hommes mes contemporains, pour leur dire : « Vous êtes en danger d'être
portés à vous entre-déchirer, comme se sont en-
tre-déchirés ces malheureux Grecs, ces malheureux Romains du Bas-Empire, nos maîtres en civilisation ; et enfin, pour parler le langage de la
multitude, vous êtes en danger d'être réduits à
vous entre-déchirer comme des bêtes féroces af-
famées, enragées. »

Certes les Grecs et les Romains, que nous

voyons aujourd'hui si affaiblis qu'ils peuvent être la
facile proie de la moindre puissance étrangère,
eurent jadis, et même dans leur déclin, des modèles
d'héroïsme, mais ces rares modèles faisaient res-
sortir les vices du caractère national; ils n'en
constituaient pas le fond. Les peuples en décadence sont aveuglés par l'esprit de parti au point
de perdre de vue les suprêmes intérêts de l'humanité, de la patrie. Qu'on lise les feuilles périodiques de France, et que l'on juge si les paroles du Roi président à l'harmonie des opinions,
ou si la contradiction manifeste qui existe encore
une fois entre la sagesse des paroles royales et l'a-
narchie des opinions n'atteste pas que le Roi est
dénué des principaux moyens de régner sur l'o-
pinion même des personnes les plus éclairées.

Chacun substitue une théorie à celle que tracent clairement les paroles royales, concordantes
avec les traités qui constituent le droit public des
nations civilisées.

Si une puissance jalouse de la splendeur de
Paris, envieuse de s'approprier les dépouilles de
cette riche capitale, répandait de grandes sommes
d'argent pour y exciter la guerre civile, y produire la nullité de l'autorité directe du Roi, les
choses se passeraient bien exactement comme elles
se passent. Le cours des événemens serait encore
exactement le même, dans le cas où des puissan-

ces , jalouses des moyens de force et de prospérité qui nous restent généralement en France, auraient entrepris le démembrement de nos provinces ensanglantées.

Alors ces puissances jalouses devraient avoir dans le cabinet du Roi, dans l'intimité de Sa Majesté, d'habiles conspirateurs qui trahiraient en flattant, qui ruineraient en usurpant la confiance. Quand il s'agit de conserver aux mains d'un chef l'essence du pouvoir, l'âme de l'État, le gage de toutes les fidélités, de toutes les victoires, les moyens doivent s'étendre avec une grande précision à tous les inconvéniens. Si l'on veut de bonne foi préserver Paris de la guerre civile, de l'incendie et de la dévastation, si l'on veut préserver la France entière de nouvelles invasions, de nouvelles ruines, de nouveaux démembremens, je crois pouvoir revenir avec confiance aux vues que j'avais à cet effet publiées sous Napoléon et qui produisirent une grande sensation dans la capitale. D'habiles conspirateurs, dans l'intérêt prétendu de l'étranger, au grand préjudice de notre patrie, détournèrent nos chefs de l'adoption de ces vues et de toutes vues analogues de conservation. Beaucoup de nos chefs à cette époque n'eurent qu'une fidélité et par conséquent un destin équivoque ; pour avoir négligé les moyens de salut qui étaient les con-

séquences rigoureuses de ses paroles solennelles,
le chef suprême, en 1813, fut lui-même renversé au milieu des incendies et des ruines, de
la peste et de la famine, du sang, des larmes et
des malédictions. Louis XVI et Charles X ayant
été renversés au milieu de semblables malédictions, Louis-Philippe ne peut trop se hâter de
se livrer aux études des moyens généraux de conservation que l'expérience a prouvé être supérieurs aux moyens qui ont été mis en usage depuis quarante années.

Sire, le sort, la fortune de Louis-Philippe
sont dans ses propres mains et ne sont point
équivoques. Si les hommes qui travaillent à le
renverser ont assez d'influence pour écarter ceux
qui veulent le conserver; si les conspirateurs qui
préparent la mort ou l'expulsion se trouvent
mieux organisés que ceux qui veulent faire preuve
de fidélité; si les conspirateurs peuvent faire à
leur gré vexer, incendier, empoisonner, assassiner tout ce qui leur fait ombrage, l'État entier
sera bientôt en décomposition.

Le moyen le plus urgent de salut pour le Roi
actuel, la dynastie, la capitale, le royaume,
l'humanité, est, Sire, de soulever l'immense ré-
seau sous lequel s'enveloppe la conspiration
anarchique. Votre Majesté, affranchie de l'ascendant des conspirateurs désarmés, fera prévaloir

subitement dans le cours de nos destins le suprême intérêt de la France et de l'humanité. Puis nous pourrons faire successivement pour le repos et le bonheur du monde entier l'application des vérités éternelles aux nouveaux besoins de prévenir les banqueroutes, les dévastations et les massacres.

LIVRE CXXXII.

APPLICATION DES VÉRITÉS ÉTERNELLES AU NOUVEAU
BESOIN DE PRÉVENIR LES BANQUEROUTES ET LES
MASSACRES.

22 OCTOBRE 1830.

Les nouvelles crises révolutionnaires de France et de Belgique ébranlent le monde entier; elles offrent un nouveau trait des conséquences rigoureuses qu'eut et qu'aura toujours l'oubli des vérités éternelles sur lesquelles repose toute espèce d'ordre social.

Depuis le plus grand des souverains jusqu'au plus pauvre des sujets, les vérités éternelles exercent leur empire tout-puissant, afin de punir ceux qui les enfreignent et de récompenser ceux qui s'y conforment. Par leurs actes solennels, les souverains se conforment assez généralement à ces vérités, mais presque toujours la conduite des cabinets est en contradiction avec les actes solennels. Cette contradiction, que tant de gens regardent comme la politique habituelle, est cependant la plus grande de toutes les absurdités.

La contradiction que je signale prive d'abord les gouvernemens de leur crédit, par la raison très simple que tout corps qui est en contradiction entre ses règles véritables, ses actes solennels et ses desseins habituels, est un corps radicalement décrédité. Tout corps décrédité est privé de ses moyens de vie, de consistance, de bonheur, de gloire; il a méconnu lui-même les conditions de son existence, chacun à son exemple devient libre de les méconnaître et de le juger en déchéance. Dès lors l'anarchie, les banqueroutes publiques et privées, les dévastations, les massacres sont, comme ils n'ont point cessé de l'être, ainsi que l'avaient prévu Henri-le-Grand et Sully, les conséquences rigoureuses du mépris des vérités fondamentales du droit public et tutélaire de l'humanité.

Henri, ni même Jésus, n'ont point fait autre chose que d'appliquer aux destinées humaines, avec une nouvelle étendue et une nouvelle précision, les vérités éternelles qu'avant eux de grands hommes et les dieux mêmes du paganisme avaient tenté, souvent avec succès, d'appliquer à ces destinées.

Napoléon, dans une lettre au Roi d'Angleterre en 1804, avait retracé les vérités éternelles en ce peu de mots : La paix est le premier des besoins comme la première des gloires. Napoléon a subi les dures conséquences de l'oubli, du mépris qu'il avait fait de l'acte solennel. Quand un tel homme n'a pu éviter le châtiment, c'est trahir les chefs modernes que d'essayer de leur persuader qu'ils peuvent en être exempts ; jamais il ne fut plus vrai non plus que les peuples sont cruellement punis des erreurs et du délire de leurs chefs. Enfin les traités et déclarations de Paris, Vienne, Aix-la-Chapelle, ont appliqué les vérités éternelles au droit public, au crédit universel.

A peine notre crise nouvelle compte trois mois d'existence, et déjà l'univers en éprouve le contre-coup. La baisse de tous les fonds publics, l'altération de toutes les solvabilités, en sont la conséquence rigoureuse. De même l'élévation réelle de tous les fonds, dans la proportion de cent de capital pour trois de rentes, attesterait le crédit des États et celui des sujets, l'activité des travaux utiles et des consolations promises. Le *Moniteur* du 25, article de Londres, confirme tout ce que j'ai écrit sur la dépréciation simultanée des effets publics et des propriétés, sur les troubles de l'Irlande et sur ceux des autres pays.

C'est par une libre application des vérités éternelles que l'on doit en premier lieu tenter de résoudre la question de la souveraineté populaire et de la souveraineté héréditaire, si l'on veut qu'elle cesse d'être enfin un germe permanent de l'anarchie dont les cabinets entre eux donnent le redoutable exemple aux peuples. L'on sera toujours à temps de faire que d'autres hommes civilisés portent chez des hommes civilisés, au mépris des vérités éternelles, des actes et des sermens les plus solennels, la dévastation et le carnage. Ces hommes, après s'être traités en barbares ou en bêtes féroces, seront toujours obligés de revenir à négocier la paix et à invoquer pour base les vérités éternelles qui constituent aujourd'hui le droit public des États entre eux, et celui des peuples à l'égard des gouvernans. Il serait contraire à l'éternelle vérité qu'avait retracée Napoléon, de penser que la paix, qu'il appelait la première des gloires, n'exige pas une grande supériorité de génie et de courage. Ainsi, lorsqu'au 27 juillet, le massacre régnait, au lieu de Charles X, dans les rues de Paris, il attestait que Charles X avait manqué de génie. Henri-le-Grand, en pareil cas, eût été de sa personne au sein même de sa capitale, afin d'y maintenir la paix publique; cette paix que Charles X, dans une proclamation récente, avait promis de maintenir. J'ose croire que Charles X et son fils, informés à temps utiles, et pénétrés des vérités

éternelles, n'eussent pas manqué au devoir personnel d'être forcés de rétablir la paix dans leur
résidence, s'ils n'eussent été dominés, aveuglés,
par l'immense ascendant de la conspiration permanente qui agite maintenant le Palais-Royal.
Le Roi actuel, pour y maintenir l'ordre, doit
montrer un courage et un génie encore supérieurs
à ceux qu'il a montrés à la bataille de Valmy.

Que la France soit destinée à être gouvernée
par la dynastie de Louis-Philippe d'Orléans, ou
à ériger de nouveau la république, l'empire, ou
à subir un démembrement, ou au retour de la
branche aînée des Bourbons, ces diverses chances seront toujours réglées, après les guerres,
par les traités qui consacreront la supériorité de
la violence ou de la ruse des uns sur la force et la
dextérité des autres. L'irréfragable témoignage
de l'histoire universelle s'accorde avec notre position actuelle, au 25 octobre 1830, pour attester qu'il faut tenter par le génie diplomatique
l'application des vérités éternelles, avant de la
tenter par le génie des combats. Que dirait-on
d'une autorité, d'une religion, qui tueraient d'a-
bord, puis examineraient ensuite s'il y a eu véritable motif de tuer? On dirait que l'autorité, la
religion s'exercent d'une manière contradictoire
avec les vérités éternelles qui constituent leur essence.

Ce que l'on dirait relativement aux vérités éternelles, qui sont la base du droit civil et religieux, s'applique aux mêmes vérités éternelles, qui sont la base du droit politique, et avec un nouveau degré de précision. Aujourd'hui, les souverains n'ayant pas voulu que leur sainte-alliance devînt une garantie de bonheur et de gloire pour eux et leurs peuples, quelques-uns même des souverains étant taxés d'avoir voulu tourner cette alliance contre les peuples, ceux-ci s'apprêtent à former une alliance en opposition aux souverains, et à exercer des représailles.

Ainsi, comme je l'ai annoncé dans les tomes précédens, la guerre tend à prendre un nouveau caractère dans l'univers, et moins à développer ses fureurs d'États à États que de classe à classe dans chaque État. Des hommes, qui se prétendent fort habiles, disent que les traités et déclarations ne sont que des paroles usées auxquelles personne ne veut plus se conformer. Mais voyez cinq ou six de ces hommes réunis dans le même salon, dans le même boudoir, et vous acquerrez la certitude qu'ils se disputent sans pouvoir s'entendre ; que tel discoureur a même aujourd'hui un langage opposé à celui qu'il tenait il y a quelques mois. Chacun voulant mettre ses intérêts, ses caprices à la place de l'intérêt suprême et des vérités éternelles, il y a toujours anarchie.

Quelques millions de coups de fusil et de canon, ajoutés aux millions qui se sont inutilement tirés depuis l'invention de la poudre, n'auront d'autre résultat que d'augmenter les dettes publiques, les chances de banqueroutes dans l'ensemble de la chrétienté, même en admettant que certains États soient assez forts ou assez rusés pour compromettre beaucoup plus la fortune de leurs voisins qu'ils ne compromettront la leur propre. Ainsi la Grande-Bretagne a fait aux divers peuples du continent plus de mal qu'ils ne lui en ont fait ; mais dans le chaos de malveillance universelle, cette habile dominatrice des mers n'a pas toujours été exempte de catastrophes. La folie de Georges III, la mort prématurée de Pitt, le suicide du marquis de Londonderry, la fin horrible de Canning, sont loin de prouver que le Roi et le premier ministre actuel des Iles Britanniques doivent se regarder comme exempts de catastrophes.

Mieux vaut pour la Grande-Bretagne exploiter à loisir les richesses de l'Asie, de l'Amérique et de l'univers, que d'en altérer les sources, si l'on ne veut pas que le peuple anglais se révolte contre l'énormité, on dira bientôt contre l'iniquité des charges publiques. Comme les chefs ont mille fois plus de moyens de mettre à profit ces vérités pour l'harmonie que les peuples n'en peuvent avoir pour en faire un prétexte de révolte, ma franchise d'expression ne doit pas irriter d'autres chefs que ceux des complots anarchiques.

Les guerres prolongées ont facilité les développemens de l'anarchie, l'ébranlement des trônes et de toutes supériorités, comme Henri-le-Grand et Sully annonçaient si judicieusement qu'elles le feraient. Il est de fait que les traités et déclarations étendent aux circonstances actuelles le plan d'harmonie que le grand Roi et le grand ministre s'étaient mis en position d'exécuter. Il est de fait que les actes de S. M. Louis-Philippe, de ses ministres, de nos Chambres, des préfets de la Seine et de Police confirment les preuves de cette extension ; il est de fait que Paris et Londres, Vienne et Pétersbourg, n'ont pas cessé d'offrir à leurs bourses les principes, les modèles et les garanties du crédit universel ; il est de fait que l'ordre ou l'anarchie des capitales agit sur l'activité ou la cessation des travaux utiles par le crédit ou le discrédit ; il est donc urgent de mettre à profit d'aussi salutaires vérités pour la stabilité de toutes les fortunes, la consolation de toutes les infortunes ; mais il faut pour cela plus de courage et de génie encore que n'en eut Napoléon ; car il ne put acquérir celle des gloires qu'il avait déclarée être la première. Quand Louis-Philippe a parlé de gloire, c'est, à n'en point douter, de celle que Napoléon , d'accord avec tous les hommes qui ont honoré l'humanité , a retracée comme la première des gloires.

La vérité éternelle nous ordonne de cesser d'imaginer que notre Vendée serait plus tranquille si la guerre civile éclatait en Irlande, *et vice versâ.* Une guerre civile agit sur le crédit du pays, et par contrecoup sur tous les autres, puis sur tous les travaux utiles à la stabilité des gouvernemens, à l'acquittement des impôts, à la fortune des États, à leur crédit, leur bonheur, leur gloire réciproques. Ce serait une erreur populaire non moins grave, à la fin de 1830, que de penser ou dire, comme j'ai eu le chagrin de l'entendre dire au confesseur de Louis XVIII : la guerre est un mal nécessaire pour empêcher la surabondance de la population. La guerre, en faisant périr, dans le cours de 1831 , quelques cent mille hommes de plus , ne ferait qu'aggraver les chances de famine et de misère qui agitent tant de peuples ; j'en ai souvent développé les raisons et les exemples tirés des règnes de Louis XIV, de Louis XVI et de Napoléon. Sans doute l'intelligence humaine supplée, jusqu'à un certain point, au défaut de bras ; la faveur des saisons peut encore donner lieu à quelques illusions ; mais la vérité, l'expérience éternelle, ne cessera point d'être, en 1831 , ce qu'elle fut toujours : il y a dix années de famine en une période de soixante-dix années. La vérité éternelle exige donc que les bras actifs ne soient point détournés des améliorations agricoles, source véritable du crédit, du bonheur et de la gloire, interprétés comme ils doivent l'être, sous peine d'impuissance ou de parjure.

Les peuples, dans la déclaration même de la Sainte-Alliance, pourraient trouver beaucoup plus de droits que n'en trouverait le despotisme. C'est au nom des libertés universelles que les peuples se sont levés contre Napoléon. Il n'eût point compromis sa gloire et sa puissance en Espagne et en Russie, dans le cas où la presse libre aurait pu faire prévaloir, sur le cours de nos destins, les éternelles vérités que je ne cesserai d'invoquer jusqu'à mon dernier soupir.

En fait, je suis à même de prouver, par des témoignages authentiques, irréfragables, que depuis 1806 jusqu'à ce jour 25 octobre 1830, les événemens ont confirmé mes assertions fondées sur le caractère de la vraie gloire, que Napoléon avait retracée d'après Henri-le-Grand et Sully, qui la faisaient consister à être sincèrement regardés comme bienfaiteurs de l'Europe : à leur époque, de 1599, l'Europe était le monde civilisé. Après la magnanime conception du grand prince et du grand ministre, rien de plus touchant que l'édit donné à Fontainebleau en avril de la même année, « pour relever de misère les » pauvres gens destruits par les guerres, et pro- » curer or et argent à l'État, en desséchant » et cultivant les marais. »

La seule déclaration d'un franc retour aux vérités éternelles qui serait faite par les grandes puissances du monde civilisé, produirait dans toutes les bourses une amélioration subite que tous les cabinets devraient s'empresser d'escompter à leur profit, afin de se procurer les réserves qui leur sont indispensables pour résister à l'anarchie dont l'univers est menacé ; les cabinets alors s'enrichiraient des dépouilles de ceux qui tentent de les dépouiller eux-mêmes. L'opération serait doublement favorable à tous les contribuables que l'anarchie tend à priver et des valeurs réelles, et des valeurs représentatives. Si l'on admet que les princes et les ministres du monde civilisé soient impuissans ou parjures, l'insurrection, sans doute, deviendra le premier des devoirs ; mais aussi, tous ceux qui ont donné leurs suffrages aux princes et aux ministres seront les premiers fourbes. Comme l'on ne peut admettre le reproche de mauvaise foi qu'autant qu'il est fondé, il faut bien admettre dans toute leur étendue les conséquences de la bonne foi des princes et des ministres. Toute la question ne peut résider que dans le courage et le génie nécessaires pour appliquer les vérités éternelles et confirmées par l'expérience des temps modernes, au bonheur, au crédit, à la foi, à l'intelligence, à la gloire réciproque des États.

Que la France soit déshonorée, ensanglantée, ruinée par des injustices, des pillages, des exterminations, une réaction en baisse s'opérera subitement sur le cours de nos effets, sur l'activité de nos travaux utiles, et sur toutes les parties du monde civilisé. Nous avons pour garans de ces assertions, non plus les seules théories des écrivains, mais le texte même des actes d'Aix-la-Chapelle, qui nous ont fait payer d'énormes subsides sans que nos finances et notre crédit en aient cependant été ruinés.

Sera-t-il donc toujours vrai que la France peut trouver d'immenses ressources pour réparer ses fautes et se relever de ses catastrophes, mais qu'elle n'en sait pas trouver pour se préserver de ces fautes et de ces catastrophes. Les vérités que nous exprimons ici doivent s'appliquer au monde entier.

L'on objectera : Pensez-vous donc être le seul qui connaisse la vérité? Je répondrai : Puisque le monde est dans un état matériellement contradictoire avec la foi des traités qui lui promettaient repos et bonheur, je n'ai d'autre mérite que celui d'un dévoûment à toute épreuve, qui me fait, au péril de ma vie, étudier et publier les causes de cet état contradictoire, qui sont l'impuissance et le parjure.

Napoléon, mourant, aurait pu répéter à son fils ces paroles de Louis XIV : « Ne m'imitez pas, j'ai trop aimé la guerre. » Ces deux chefs de France n'eurent point tout le génie et le courage nécessaires pour le maintien de la paix à l'intérieur et à l'extérieur. Nul des chefs qui, depuis quarante ans, ont précédé Louis-Philippe, n'a eu ce génie, ce courage, au degré nécessaire à notre premier des besoins, à notre première des gloires. S. M. le Roi actuel est dans l'étroite obligation de montrer cette supériorité de génie et de courage; il est du devoir de chacun de montrer comment le Roi peut satisfaire le premier des besoins, obtenir la première des gloires.

Les facultés d'un homme étant bornées, le chef a besoin de s'éclairer, de se fortifier par l'union intime d'un grand nombre d'autres facultés. Le chef qui néglige cette union intime est un chef dont il est facile de prévoir et d'annoncer la mort ou l'expulsion, comme il était devenu facile de prévoir et d'annoncer la mort ou l'expulsion de Louis XVI et de tous les dépositaires de l'autorité, en France, jusqu'à Louis-Philippe. Si l'union de facultés nécessaires est refusée par

une grande cité, par un grand royaume, surmonter les causes de refus, d'union, est un besoin
impérieux : tels sont les besoins impérieux de
Louis-Philippe, de Paris et de la France, pour le
maintien de la paix à l'intérieur et à l'extérieur.

Le procès des ministres déchus, la rareté des
grains, la détresse des contribuables, celle de
tous les débiteurs, l'avarice, la dureté ou la défiance de ceux qui spéculent sur la rareté croissante de l'or et de l'argent, la diminution des
travaux utiles, sont des causes de trouble fort
apparentes; les négliger, ce serait vouloir
qu'elles produisissent leurs terribles effets; les
signaler, les approfondir, c'est le devoir de tous
ceux qui peuvent contribuer à satisfaire le premier des besoins, à donner la première des
gloires.

Il est urgent que la royauté, la police, la diplomatie, soient convenablement dotées par l'u-
nion des facultés, pour disposer des hommes et
des choses que requiert la satisfaction du premier des besoins; autrement, la royauté, la police, la diplomatie, seront impuissantes. J'ai
prouvé qu'un budget analogue à celui de la
Grande-Bretagne, c'est-à-dire d'environ quinze
cents millions, était nécessaire à l'accomplissement des obligations de Charles X et de ses ministres; de plus, j'ai montré qu'un tel budget

ne pouvait être réalisé que par des moyens de confiance et de crédit incompatibles avec toute fausse interprétation de la loi fondamentale. Pareille vérité s'applique au Roi actuel. De même qu'il y a eu grave erreur dans une prétendue économie qui a fait refuser l'union des facultés et des moyens de crédit en 90, de même il y aurait aujourd'hui grave erreur dans un tel refus. L'on peut calculer que le défaut de paix publique a déprécié d'un cinquième l'ensemble des valeurs qui constituent la fortune française : notre capital de rentes trois pour cent, du taux de 84 est tombé à 64 ; ce capital d'un milliard subit donc une dépréciation de deux cents millions. La valeur de toutes les propriétés, de tous les crédits de la capitale, éprouve une dépréciation analogue. L'Angleterre n'est point à l'abri de semblables dépréciations.

Ainsi, la prétendue économie qui a fait refuser à Charles X un demi-milliard de supplément nécessaire à la paix publique, déprécie la fortune française d'environ vingt milliards, puisque l'ensemble de cette fortune est évalué deux cents milliards. L'Angleterre même était intéressée à ce qu'une telle erreur d'économie politique n'eût point lieu chez nous, puisque nos pertes réagissent sur sa propre fortune. En effet, nos erreurs, notre ruine, priveraient l'Angleterre de l'appui

que nous lui donnons pour la paix générale,
dont elle a besoin, et des grands débouchés que
nous offrons à ses produits. Puis il faut considérer que la paix publique étant troublée, les peuples ne peuvent manquer d'être promptement
réduits au désespoir : l'exemple du refus d'impôt,
de la dévastation, du pillage, des banqueroutes,
est contagieux.

Si l'on a pu faire craindre à la Grande-Bretagne qu'un budget de quinze cents millions
nous donnât les moyens de restaurer notre marine et de combattre la sienne, la politique an-
glaise aura employé toute son influence pour que
le discrédit et la défiance régnassent chez nous,
et ne nous permissent point de sortir de l'inferio-
rité maritime à laquelle nous sommes réduits ; en
ce cas, il y aurait eu de part et d'autre fausse
interprétation de l'intérêt réciproque des deux
peuples, de leurs premiers besoins, de leur première gloire, qui consistent dans une paix véritable. C'est aux écrivains des deux nations à faire
cesser cette fausse interprétation qui, de catastrophe en catastrophe, entraînerait à une subversion totale toutes les supériorités du monde
civilisé, sans excepter la supériorité maritime de
la Grande-Bretagne.

Que dans un an notre Roi, nos ministres
soient tués ou chassés comme impuissans ou par-

jures, que la république soit de nouveau proclamée, que Paris et la France soient de nouveau en danger par l'effet des guerres sourdes ou patentes que nous susciterait, à l'intérieur ou à l'extérieur, la jalousie de nos rivaux, Paris et la France ne peuvent manquer de rétablir des autorités analogues à celles de la commune de 93, des comités de salut public et de sûreté générale. Une fois que tels et tels riches personnages seront déclarés ennemis de la paix publique, du salut, de la sûreté de l'État, les spoliations ne peuvent manquer d'avoir lieu; l'exemple, je le répète, sera contagieux. Londres et Paris, la France et tous les États civilisés ont de grands dangers à prévoir et à prévenir, des vérités éternelles à faire régner, d'immenses améliorations à réaliser. Que les trois pour cent s'élèvent au pair dans les deux pays, et l'on verra bientôt l'activité de tous les travaux consolateurs faire que l'abondance précède toujours l'accroissement de la population.

Les rois et les ministres doivent enfin pouvoir triompher de toute espèce d'anarchie. L'effusion du sang humain, par une volonté humaine, est subversive de la loi divine qui dit au mortel : « Tu ne tueras point ton semblable. » Cependant, des attroupemens populaires ont eu lieu autour du Palais-Royal ; l'on a, dit-on, crié : la tête des ministres accusés ou celle du

Roi ! Il y a eu , dans les seuls rassemblemens qui se sont multipliés , trouble à la paix publique , cause de dépréciation des valeurs et de cessation des travaux utiles. Il y a eu infraction aux conditions de toute espèce d'harmonie sociale. Le peuple , s'il reconnaît l'autorité de Louis-Philippe, doit lui avoir accordé sa confiance en lui accordant la couronne. Quelques études que je fasse pour connaître l'intérêt que le Roi actuel pourrait avoir à sauver les ministres prévenus s'ils sont coupables, je ne puis voir cet intérêt. Mais je vois clairement l'immense intérêt qu'a le Roi , qu'ont tous les souverains à ce que le libre cours de la justice ne soit point interrompu, dans une grande question de justice , de civilisation européenne.

Si donc il était vrai que des sommes d'argent considérables aient été répandues pour susciter des agitations populaires qui survivront aux ministres prévenus , cet argent serait employé d'une manière extrêmement coupable , si l'on juge un tel emploi sur les règles de toute foi divine ou humaine que nous retracent les traités ou déclarations.

Il faut donc, sous tous les rapports, se hâter de revenir avec le génie et le courage nécessaires aux vérités éternelles qui sont les bases de la paix publique, premier des besoins, première des gloires dans chaque famille, chaque cité, chaque État, chaque partie du monde et dans l'ensemble de ce monde. Nous allons rapidement montrer l'effet que produira chacun des moyens que nous avons soumis.

Le conseil spécial en permanence faciliterait l'exercice constant de la prérogative royale. Il tranquilliserait le peuple ; il l'amènerait doucement, et avec toute l'énergie désirable, à prendre confiance dans l'autorité sortie du sein même de la souveraineté populaire. Toute vue concordante avec les vues dans lesquelles seules le Roi a promis de régner serait rapidement mise à profit. Sous ce rapport, le triomphe des vérités éternelles, la paix publique dont il est la base constante, toutes les consolations, les améliorations qui en découlent, obtiendraient des garanties satisfaisantes. Je ne puis trop répéter ici qu'il s'agit de conserver un ordre de choses dans lequel doivent s'opérer des améliorations égales à douze cents millions de revenu et quarante milliards de capital.

L'association d'utilité générale proposée devient plus urgente de jour en jour ; j'ose donc supplier Sa Majesté de réunir près de sa personne le plus tôt possible les hommes supérieurs de France, et même ceux des pays étrangers qui peuvent être à Paris, afin de les convaincre du danger

commun de toutes les supériorités sociales, danger qui ne peut être prévenu que par l'union de
toutes les facultés sociales. Le Roi a tout ce qu'il
faut pour faire germer et fructifier rapidement
les vérités éternelles qui seules peuvent triompher de toute espèce d'anarchie.

Les routiniers de la finance qui pour la plupart,
dans le ministère même, spéculent en ce jour
peut-être sur le discrédit de l'État et la détresse
des contribuables, jetteront les hauts cris contre
cette grande innovation ; mais je prie de considérer que ces prétendus économes de notre fortune, faute d'avoir, en 1789, pourvu à un défi-
cit de cinquante-six millions, nous ont fait perdre plus de cent cinquante milliards, et que l'u-
nivers a subi des pertes proportionnées dans toutes
ses parties. L'action à la Bourse de l'association
d'utilité générale doit se coordonner avec celle du
conseil spécial en permanence pour le maintien
et le triomphe de la prérogative, qui est la base
actuelle de toute paix publique et de toute amélioration.

Ceux qu'on nomme les baissiers, les usuriers,
les spéculateurs sur la détresse générale, s'ils
continuent leurs coupables manœuvres, seront à
leur tour dépouillés ; s'ils y renoncent, le crédit
public s'élevera sans obstacle ; la France pourra
emprunter un milliard à trois pour cent. Le bon

royal, les titres de rentes à trois pour cent même, gagneront contre l'or et l'argent.

Le plan d'une loi portant union de crédit en bons royaux jusqu'à concurrence de cent millions entre le Trésor public et les diverses sources et branches de la prospérité publique , les bénéfices de cette union devant être consacrés à l'extinction des impôts les plus onéreux au peuple, ce plan, dis-je, devrait être communiqué aux Chambres dès leur réunion. On sent qu'une telle loi identifierait enfin, comme il doit l'être et comme on a commencé à l'identifier en principe dans la loi du secours au commerce, l'intérêt du Trésor avec celui des contribuables, l'intérêt du Roi avec celui du peuple.

Une autre loi ne serait pas moins urgente, c'est celle par laquelle seraient mobilisées, transférables par simple voie d'endossement, et facilement transformées en capitaux circulans et productifs, tous les titres de rentes, soit publiques, soit privées.

Puisque l'abondance et la circulation des capitaux sont reconnues être la source vivifiante de tous les travaux utiles, il est évident que le devoir et l'intérêt des législateurs sont de faciliter et d'assurer par tous les moyens possibles l'abondante et la rapide circulation des capitaux ; ils sont des instrumens de reproduction ; quand leur loyer

est trop cher, beaucoup d'hommes utiles sont
condamnés à l'inaction dans le devoir de reproduire.

Il pourrait se faire que le propriétaire d'un
capital de rente donnant 5,000 fr. se trouvât riche
de 160,000 fr.; qu'il en fût de même du propriétaire de la maison donnant égal revenu; et loin
qu'il en résultât, comme certaines personnes le
craignent, un renchérissement des objets de
première nécessité, le pain, par exemple, il en
résulterait au contraire que le pain et tous les
autres objets de subsistance seraient d'autant plus
abondans, qu'une somme plus grande de capitaux
serait invariablement employée à les reproduire.
La France aurait du blé pour dix-huit mois au
moins, si l'on eût voulu adopter l'ensemble de
moyens que je soumettais pour cela en 1823,
dans le livre remis à Louis XVIII, à Charles X,
au Dauphin, au Roi actuel et aux grands fonctionnaires dont j'aurais contribué à prévenir les
catastrophes, autant qu'il était possible de le faire
pour le bien général.

Le Roi ne peut trop se hâter de rendre une
ordonnance analogue à celle dont j'ai soumis le
plan et dont voici la substance. Les administrateurs des revenus de la couronne consacreront
une somme de 1,200 mille fr. à concourir à l'utile
action des comités de bienfaisance pour la paix

publique ; des récompenses analogues au caractère des bienfaiteurs seront décernées dans un an au moyen de cette allocation ; d'autres récompenses seront pareillement décernées à tous ceux qui auront concouru, par leurs vertus privées, leurs vertus civiques et leurs utiles travaux, au bien général.

L'effet de cette ordonnance serait rapide dans Paris ; il contribuerait puissamment à démasquer, à désarmer les chefs des agitations populaires. Cette ordonnance contribuerait puissamment avec les mesures qui la précèdent et qui doivent la suivre, à faciliter l'abolition de la peine de mort, et à légitimer le vœu émis à cet égard par le Roi et par un grand nombre d'honorables fonctionnaires.

Un centre d'harmonie religieuse est nécessaire pour que le clergé de France soit enfin ce qu'il doit être pour le bonheur et la gloire de ses compatriotes et de l'humanité entière. Ce corps est accusé par déclarations authentiques de contribuer aux troubles, aux agitations qui compromettent la paix, la sûreté, la fortune intérieure et extérieure de l'État. Le centre d'harmonie religieuse proposé en 1823 eût puissamment contribué à faire que les membres de notre clergé prissent véritablement pour modèles les Vincent-de-Paule, les Fénélon, les Cheverus, les Daviau et un grand nombre d'autres membres illustres de ce clergé qui honorent la condition humaine et lui offrent de puissantes consolations.

Il serait utile que le Roi adoptât l'ordonnance de charité et de bienfaisance que j'avais offert d'exécuter sous les yeux de Charles X, comme une rigoureuse conséquence des actes de l'avènement, et que Sa Majesté joignît aux dispositions présentées par cette ordonnance celles que M. Morel de Vindé paraît avoir appliquées avec tant de succès dans ses domaines, et qu'il décrit avec tant de grâce.

La bienfaisance portera toujours les hommes à d'utiles rapprochemens, à la justice, à la clémence. Une loi qui consacrerait un crédit de douze millions aux divers comités de bienfaisance du département de la Seine, et trente à quarante millions aux autres départemens, contribuerait à l'amélioration générale dans la proportion d'une somme supérieure au crédit alloué. Nos impôts indirects produiraient plus que la somme des secours n'exigerait, et l'avantage précéderait même le sacrifice. En effet, que chacun compte demain sur une prospérité croissante, sur une plus grande valeur des propriétés, et le jour suivant une grande amélioration s'opérera dans les utiles recettes de l'enregistrement. On ne doute point que le trouble paralyse les transactions, parce qu'il anéantit les chances d'amélioration ; tandis que l'harmonie qui vivifierait ces chances activerait réellement ces transactions d'une manière extrêmement profitable pour l'enregistrement et tous les impôts indirects. Tout ce que j'ai dit à cet égard dans mon ouvrage est d'une urgente application aux circonstances des deux derniers mois de 1830 et à l'année 1831.

L'application des vérités éternelles, qui était la conséquence des actes de la restauration des Bourbons et de l'avènement de Charles X, devient plus urgente à mesure que les événemens prouvent les inconvéniens de l'oubli des devoirs réciproques qui lient le prince et les sujets. J'ai donc été fondé à mettre en première ligne, pour le triomphe du Roi actuel, l'institution du conseil d'améliorations générales et du bureau de renseignemens, au Louvre et aux Tuileries. Charles X avait cessé de vivre comme roi, bien avant les ordonnances qui l'ont fait expulser, et qui pouvaient le faire tuer matériellement. Il n'en aurait pas été ainsi s'il avait eu dans sa résidence un conseil et un bureau permanens d'améliorations générales et de renseignemens utiles à la prérogative royale. Faute d'une telle institution Louis-Philippe n'a point encore véritablement existé comme roi. Il faut bien nécessairement dire la vérité telle qu'on la voit, lorsqu'on est dans la ferme résolution d'en rendre l'expression salutaire au pays, au chef suprême, aux ministres. J'étais dans cette ferme résolution, lorsque j'adressais à M. de Chabrol, ministre des finances, le livre où je donnais avis que par suite des combinaisons pour le refus d'impôt, Charles X était en danger d'être tué ou chassé. Deux imprimeurs, effrayés de ce titre, ont refusé leurs presses, malgré que je leur offrisse une garantie considérable. Si le ministère des finances a eu l'intention de mettre à profit, comme il le devait, ce grave renseignement, toujours est-il que l'on ne m'a point interrogé comme on aurait dû le faire dans l'intérêt de la France. Si, au contraire, le bureau de renseignemens et le conseil général d'amélioration eussent existé, Charles X, mieux informé, aurait eu véritablement une organisation conforme à la promesse qu'il avait faite, de considérer la vérité comme le premier besoin des princes et des peuples ; Charles X n'eût pas subi, faute d'une organisation convenable, les conséquences rigoureuses de l'impuissance ou du parjure.

Certes, pour empêcher le Roi actuel d'être tué ou chassé, comme impuissant ou parjure, ainsi que l'ont été, à notre grand préjudice, tous nos chefs depuis quarante années, il faut pouvoir déclarer nettement, publiquement, que le Roi est en danger d'être tué ou chassé. Le dépôt qui est fait préalablement de ce livre, donne au ministère public les moyens d'interrogatoire, de saisie, et tout ce que peut exiger la sûreté du Roi, bien avant que la publication puisse compromettre une telle sûreté. Le bureau spécial de renseignemens, institué dans un des palais royaux, mettrait à profit, dans l'intérêt de la prérogative royale, la première déclaration de l'imprimeur. C'est ainsi que l'on concevrait un Roi dont on pourrait dire ce que l'on dit de Dieu même : il voit tout et entend tout.

De même qu'il importe au Prince de pouvoir être informé à chaque heure du jour et de la nuit des dispositions essentielles du peuple, de même il importe à ce Prince que son caractère ne soit jamais méconnu dans l'opinion de ce même peuple. Le caractère de vérité, qui doit présider à tous les rapports et fonder tous les crédits, exige qu'il n'y ait rien d'équivoque dans les opinions du Prince et des sujets ; c'est ainsi que la confiance, toujours invoquée et si rarement obtenue, produirait l'intime union de toutes les facultés, comme elle doit toujours la produire. Une réunion d'écrivains, liés par honneur bien plus que par intérêt, était la conséquence encore plus rigoureuse des actes de l'avènement de Louis-Philippe, qu'elle ne l'était des actes de la restauration. Louis XVIII, Charles X, pouvaient, en quelque sorte, s'appuyer sur le concours des armées étrangères. Tout ce que Louis-Philippe pourrait demander serait la non-intervention ; c'est de l'opinion publique et des facultés nationales que ce Prince tire sa force et son auguste caractère : que cette opinion le juge impuissant ou parjure, ce Prince subit les conséquences rigoureuses d'un tel jugement. La partie armée du peuple ne pourrait long-temps être employée avec fruit à comprimer la partie du peuple désespérée, ou même seulement aveuglée. Soit pour exemple un événement qui peut-être n'est que trop prochain : si le peuple est toujours désespéré par les conséquences de l'impuissance et du parjure auxquelles M. de Polignac avait réduit Charles X, le massacre du prévenu est un mal à redouter. La garde nationale annonce qu'à cet égard elle est peu disposée à protéger la justice des pairs ou la clémence du Roi.

Jamais plus grande mission n'aurait été offerte à un conseil supérieur d'écrivains : maintenir la constitution contre la violence des égaremens de l'opinion populaire, contre les dispositions malheureuses de la garde nationale pour l'autorité essentielle des chambres et de la royauté, pour l'honneur du siècle et de l'humanité, pour l'harmonie des peuples civilisés, qu'un massacre intempestif peut troubler de fond en comble. Jamais un conseil supérieur d'écrivains n'eut peut-être à remplir une tâche plus glorieuse, plus lucrative pour la civilisation.

Déjà j'ai montré que c'est l'opinion qui donne la confiance, la fidélité ; c'est elle qui fixe le cours des valeurs, et les écrivains peuvent beaucoup sur l'opinion. Ce sont les écrivains qui ont puissamment contribué à mettre au jour l'impuissance de Charles X et de son ministre ; ce sont eux qui en retracent les conséquences sur la fortune publique et les fortunes privées ; ce sont les écrivains qui rappellent les cabinets égarés à la foi des traités ; les écrivains, en un mot, peuvent déprécier de quarante milliards la fortune française, en semant la défiance et le découragement ; ils peuvent augmenter cette même fortune d'une somme de quarante autres milliards, en répandant la confiance et les encouragemens. Les écrivains peuvent effectuer, dans notre fortune, une différence qui, de la perte au gain, s'éleverait à quatre-vingts milliards. Il convient ici de rappeler que l'opinion étant la source de la confiance et du crédit, il serait bon que les écrivains, de même que les ecclésiastiques, fussent rétribués en bons royaux à un an de date, jusqu'à ce que l'argent vînt à circuler avec abondance et liberté. Il serait essentiel aux suffrages, aux bénédictions du peuple, que le Roi déclarât ne vouloir toucher sa liste civile qu'en bons du Trésor, à un an de date; c'est ainsi qu'il y aurait véritable harmonie de facultés entre l'intérêt, le bonheur et la gloire du Roi, l'intérêt, le bonheur et la gloire du peuple, et que les écrivains feraient prévaloir les vérités éternelles sur le cours de nos destins.

Louis-Philippe est bien plus rigoureusement obligé que ne l'était Charles X au bonheur réciproque des Etats; il doit, en quelque sorte, réconcilier tous les souverains héréditaires avec le fait de la souveraineté populaire qui lui a donné la couronne. Le prince héréditaire, à cet égard, doit accomplir des obligations encore plus rigoureuses que n'étaient celles de M. le Dauphin. Que le Roi actuel et son fils se montrent comme les bienfaiteurs de la France et de l'Europe, et bientôt, suivant le texte précis de la déclaration de Vienne, ils seront les plus légitimes. Hommage au principe éternel qu'il n'y a de bonheur réel, pour les États, comme pour les individus, que dans le bien-être de tous. Que le Roi actuel et le duc d'Orléans fassent plus que leurs prédécesseurs pour le bien-être de tous, et ce bien-être sera le plus beau, le plus solide des titres.

De bons écrits, de grandes améliorations sont nécessaires; il serait heureux d'y associer le nom du prince héréditaire actuel. Le jour anniversaire de la naissance de ce prince, un prix de dix mille francs et autres récompenses seraient décernés aux hommes qui auraient le plus efficacement con- couru, par d'utiles travaux, au bien-être de tous.

Il est urgent, au 26 octobre 1830, que les peuples, guidés par des chefs véritablement di- gnes de leur confiance, élèvent des alliances vé- ritablement équitables ou saintes sur les débris de celles que l'impuissance ou le parjure des ca- binets a laissées tomber en ruines. Tout chef su- prême de justice est parjure devant le ciel et la terre, lorsqu'ayant de gros revenus, il néglige les obli- gations correspondantes de bien juger toutes les causes qui intéressent le bonheur et la gloire des peuples, et de contribuer, suivant ses facultés, à l'application des bons jugemens qui décident les grandes causes de bonheur et de gloire.

Que le chef soit héréditaire ou électif, sacré ou non, la vérité est la même parce qu'elle est éternelle. Plus un chef se prétend image ou re- présentant ou interprète de Dieu sur la terre, plus il est rigoureusement tenu de tout voir, tout entendre, tout juger, tout faire, en ce qui est de sa compétence; plus le parjure est révol- tant s'il néglige les témoignages les plus vul- gaires d'attention, de bienveillance, dans les circonstances graves, impérieuses.

16..

Tant que nos chefs actuels négligeront une véritable harmonie universelle qui leur donne les moyens de consolider nos institutions et de remédier à l'imperfection de ces institutions, ils finiront, comme les chefs leurs prédécesseurs, par être réputés impuissans ou parjures, et par être traités en conséquence.

Les ordonnances et les hostilités de la cour de Charles **X**, à la fin de juillet 1830, étaient contradictoires avec les préceptes de religion sainte, de justice, de charité, de paix, qui, loin d'être applicables uniquement à la vie privée, doivent, au contraire, influer directement sur les résolutions des princes et guider toutes leurs démarches, comme étant le seul moyen de consolider toutes les institutions et de remédier à leur imperfection.....

Les mots de paix, de compatriotes, de bienveillance, sont retracés dans toutes les dispositions de l'acte patent de la Sainte-Alliance, au point qu'en comparant les obligations qu'y contractent les souverains, avec l'état misérable dans lequel les mêmes souverains ont plongé ou laissé plonger le monde, ces peuples auraient le texte de la plus juste et de la plus terrible des accusations.

Toujours les peuples étant punis du délire des

rois, les peuples doivent être unis pour empêcher les effets de ce délire. Comme tous les peuples se trouvent aujourd'hui solidaires dans leurs
fortunes et dans leurs crédits, ainsi que le constatent les déclarations d'Aix-la-Chapelle, tous
les peuples doivent s'unir pour se préserver, dans
leur bonheur, leur gloire réciproque, des effets
du délire, de l'impuissance ou du parjure; ils
doivent aussi, ces mêmes peuples, seconder toutes les facultés, tant nationales qu'universelles;
rendre leurs chefs véritablement disposés à l'application des principes éternels de paix et d'harmonie, qui se réduisent, en général, à faire aux
compatriotes, aux contemporains, tout le bien
que l'on peut désirer pour soi-même. Or, il n'est
pas un chef, pas un peuple qui n'ait à désirer
pour lui-même la paix intérieure, l'harmonie des
facultés; et puisqu'il serait insensé de ne pas
avoir pour soi-même un tel désir, il serait également contraire au bon sens de troubler, chez
ses contemporains, la paix et l'harmonie.

Ces éternelles vérités étant enfin devenues no-
tions populaires, les cabinets qui s'obstinent à
s'en écarter, doivent être avertis des dangers auxquels ils s'exposent : ils sont obligés, pour éviter
ces dangers, de former, dans toutes les grandes
capitales du monde civilisé, et notamment dans
Paris, un corps diplomatique, analogue à celui

que Henri-le-Grand voulait ériger comme un aréopage destiné au maintien de l'harmonie générale.

Londres, par suite de l'anéantissement de la Sainte-Alliance, est devenue le centre de toutes les grandes négociations européennes, comme elle est devenue la dominatrice des mers : les qualités exclusives que s'arrogerait la Grande-Bretagne, en faisant le malheur universel des humains, ne pourraient faire le bonheur exceptionnel des Anglais que par une subversion des éternelles vérités; et cependant le cabinet britannique lui-même a, plus que tous les autres, contribué à les remettre en vigueur, par les suites qu'il a prétendu donner à la bataille de Waterloo et dans les déclarations d'Aix-la-Chapelle. Les adresses faites par différentes cités anglaises, à celle de Paris, au sujet de la grande semaine de juillet, montrent combien les peuples de la Grande-Bretagne supportent avec impatience des priviléges aristocratiques, qui sont autant de violations des règles de patriotisme, toutes les fois que ces mêmes priviléges reçoivent une application trop rigoureuse.

La Russie et l'Autriche ne sont pas exemptes de germes de révolution : ils se développeront toutes les fois que le pouvoir absolu entreprendra d'enfreindre les règles d'une saine politique.

Constantin pourrait disputer le trône à l'empereur Nicolas, par des raisons analogues à celles
qui porteraient Charles X à le disputer à Louis-
Philippe. L'empereur d'Autriche est le grand-
père du fils de Napoléon : il est le garant de la
paix publique dans le royaume de Naples, qui a
donné le jour à notre Reine actuelle, mère d'une
famille consolante pour l'humanité. L'Espagne,
la Prusse et les Pays-Bas, la Suède et le Dane-
marck, signataires de la Sainte-Alliance, ont à
déplorer que les grands principes d'harmonie intérieure et extérieure qu'elle invoquait, n'aient
point reçu une sincère application.

Certes les cabinets européens sont tous intéressés à l'harmonie promise, sous peine de voir,
en tous lieux, les infériorités sociales renverser
d'indignes supériorités; tous sont donc intéressés
à ce que la force diplomatique règle les grandes
causes de bonheur et de gloire suprêmes, que l'on
tenterait vainement de régler par le sort des
combats. Il est donc rigoureusement obligatoire
pour les princes et les peuples que la diplomatie
se montre avec un ascendant proportionné à la
gravité des circonstances; que chez nous un supplément, un crédit de vingt millions soit affecté
aux moyens de rendre le corps diplomatique, sié-
geant à Paris, l'arbitre équitable de l'alliance sincère des peuples et de leurs chefs; qu'un de nos

châteaux royaux, Versailles, par exemple, soit affecté aux réunions du corps diplomatique ; que, loin du tumulte des capitales, les ambassadeurs et diplomates, réunis dans une même habitation, présentent subitement à l'univers l'image réelle de l'harmonie qui doit le consoler et améliorer toutes les fortunes, toutes les destinées.

Que le monde reste organisé comme il l'est, ou que les républiques universelles s'élèvent comme autant de conséquences rigoureuses de l'impuissance ou du parjure des grands États monarchiques, les vérités retracées dans les déclarations d'Aix-la-Chapelle, en novembre 1818, ne cesseront point d'être les mêmes en novembre 1830, et dans l'éternité des siècles. Les peuples et les princes seront récompensés de l'application sincère de ces vérités, comme ils seront punis de l'infraction de ces mêmes vérités. La déclaration du 15 porte textuellement : « Les souve- » rains reconnaissent formellement que leurs » devoirs envers Dieu et envers les peuples qu'ils » gouvernent, leur prescrivent de donner au » monde, autant qu'il est en eux, l'exemple de » la justice, de la concorde et de la modération ; » heureux de pouvoir consacrer désormais tous » leurs efforts à protéger les arts de la paix, à » accroître la prospérité intérieure de leurs États, » et à réveiller ces sentimens de religion et de

« » morale dont le malheur des temps n'a que trop
« » affaibli l'empire. »

Il serait difficile de concilier les vérités ici retracées avec une politique qui, par des ligues,
par une guerre ouverte, et surtout par une guerre
sourde et honteuse, tendrait à imposer au peuple français une dynastie dont l'impuissance ou
le parjure ont ébranlé les institutions fondamentales qu'elle avait promis de consolider ; mais il
ne suffit point qu'une ligue contre la France soit
injuste pour que nous ayons des garanties contre
les guerres directes ou indirectes que nous pouvons avoir à supporter. Notre droit d'intervention
en Espagne est aujourd'hui même fort mal justifié
par le sort des Bourbons de ce pays et du nôtre.
On conçoit une intervention en quelque sorte
légitime quand elle produit le bonheur et la
gloire ; on ne conçoit point une légitimité d'intervention qui produirait, qui aggraverait une
détresse, un désespoir pareils à ceux qui irritent
l'Espagne après l'avoir fait long-temps gémir.
Plus l'action des trônes et des autels contre les
peuples est oppressive, plus elle est entachée du
mortel caractère de parjure, plus alors la réaction
des peuples est terrible. La civilisation européenne demande que la France soit enfin le pivot,
le modèle, la garantie d'une harmonie consolante

pour l'humanité. C'est l'unique moyen de désarmer tous les conspirateurs et tous les assassins , et de raffermir le sol qui tremble sous nos pas.

La première déclaration d'Aix-la-Chapelle n'a fait que traduire en style moderne le préambule de l'édit donné à Fontainebleau en 1599 par Henri-le-Grand. Charles X et le Dauphin sont punis sévèrement d'avoir négligé l'avantage qu'ils pouvaient tirer de cette heureuse circonstance pour accomplir leur obligation de vaincre toute espèce d'anarchie. Ces malheureux princes se sont obstinés à ne point voir que d'éternelles proclamations de vérités et une conduite entachée du mépris des mêmes vérités étaient inconciliables, et que l'ascendant des vérités devait infailliblement renverser les princes dont la conduite en affectait le mépris.

Nos lumières modernes doivent enfin mieux inspirer le Roi actuel et son fils. Il est bon sans doute que notre prince héréditaire soit canonnier dans la garde nationale, colonel de hussards ; mais il serait mieux encore qu'il présidât un conseil où seraient gravés les motifs de l'édit de 1599, si honorables pour un prince qui veut marcher véritablement sur les traces de Henri-le-Grand , afin d'être toujours préféré à Henri V. D'un autre côté, la France et ses représentans dans les deux Chambres , pénétrés de la convenance et de la possibilité d'une amélioration de deux cents millions dans les revenus indirects par le simple effet de l'accroissement de la fortune publique, doivent mettre à la disposition du conseil supérieur des arts de la paix le surcroît des produits de l'enregistrement et des impôts indirects jusqu'à concurrence d'une somme de cinquante millions. En agissant ainsi, notre prince royal se montrera le digne héritier de celui qui rétablit avec le plus de précision les grandes bases de toute harmonie sociale ; c'est ainsi que le prince royal contribuerait puissamment à triompher des symptômes de l'anarchie et du désespoir qui menacent le Palais-Royal et le monde entier.

J'entends d'ici crier à la profusion, et l'on me force de répéter que les événemens de juillet ont déprécié notre fortune de plus de vingt milliards de capital. J'ajoute encore que, dès le premier mois où l'on aurait la certitude que le gouvernement mérite toute confiance par des institutions favorables à la prospérité publique, notre seul enregistrement éprouverait une amélioration de plus de trois millions par la conclusion des ventes restées en suspens et par l'accroissement de valeur que donneraient à toutes les propriétés les chances raisonnables d'amélioration. Ainsi donc, dans le cas même où l'on voudrait regarder l'État et les contribuables comme pouvant avoir des in-

térêts séparés, ces mêmes contribuables paie-
raient à l'État et sans peine plus de trente-six
millions avant d'en avoir reçu la valeur de
douze. Refuser l'institution proposée serait toujours se montrer aussi mauvais calculateur qu'inhumain.

Il est de toute évidence que le conseil supérieur
des arts de la paix présidé par le prince royal, et
tendant à l'application des vérités retracées par la
première déclaration d'Aix-la-Chapelle, serait
d'un grand poids dans la balance des crédits universels et d'un avantage spécial pour la France.
Des modèles pour la conservation des grains, des
colonisations dans l'intérieur de la France, à
Chambord, par exemple, à Rambouillet et ailleurs, attesteraient matériellement que nos princes veulent enfin travailler à ce que l'abondance
précède l'accroissement de la population.

Le protocole des conférences d'Aix-la-Chapelle, relatives au crédit réciproque des États,
est éminemment applicable à la crise financière
dont nous sommes tous menacés; et l'on peut
dire qu'une franche application des mêmes vérités eût rendu la position financière du monde
aussi brillante qu'elle est triste; il ne suffit point
sans doute qu'il y ait dans les États beaucoup de
blé, de bestiaux, de vins, de tissus et autres
produits du sol et de l'industrie, il faut encore

que tous ces objets propres et communs à l'usage des hommes soient répartis de manière que chacun soit nourri, vêtu, et en situation de travailler utilement au bien général. Quand il y a surabondance des produits, il serait inhumain de s'en plaindre lorsque nous avons sous les yeux des compatriotes, des contemporains qui souffrent de la privation des mêmes produits. Si Charles X et le Dauphin avaient assisté aux dernières journées de juillet dans Paris, ils auraient vu que ce peuple, dont l'adulation leur vantait le bonheur, était en grande partie fort mal vêtu. Ils ont subi la loi de ce même peuple au sujet duquel on les trompait si grossièrement et qu'ils devaient tromper à leur tour. Il serait fort dangereux pour le Roi actuel et pour sa dynastie, j'oserai dire pour la paix universelle, il serait fort dangereux qu'un terme prochain ne fût pas mis à la détresse publique.

Le crédit donne la jouissance anticipée, comme nous en avons longuement développé les preuves, et des biens que l'on peut raisonnablement désirer, et de ceux que l'on peut facilement obtenir. Que chaque individu des vingt millions de travailleurs que nous avons en France puisse, au moyen d'institutions convenables, gagner et recevoir 20 cent. de plus par jour de travail, et l'on aura aussi par jour quatre millions de plus, ce qui équivaudra à un surcroît de revenu de douze cents millions par an. Les deux tiers de notre territoire, faute de capitaux ou du crédit qui les supplée, ne produisent que la moitié de ce qu'ils pourraient produire. Que la puissance du crédit national fonde dans tous nos chefs-lieux de département et d'arrondissement des banques à l'instar de celles des États-Unis de l'Amérique septentrionale, ces banques ont fait d'énormes bénéfices, tout en rendant d'immenses services. Les statuts de la Banque de France pourraient s'appliquer même aux ressorts des justices de paix, et à plus forte raison aux chefs-lieux d'arrondissement et de département. Au lieu de 5oo fr. les billets pourraient n'être que de 1oo fr. Le taux général de l'escompte, fût-il à six pour cent, serait un bienfait pour le plus grand nombre des arrondissemens où l'intérêt moyen est analogue à celui du prétendu Mont-de-Piété de notre capitale. Ainsi, dans Paris, il y aurait douze banques d'arrondissement, non compris la banlieue : il y aurait aussi des bureaux de bienfaisance dont le crédit serait mis en rapport avec celui des banques d'arrondissement. Puisque la Banque de France escompte à quatre pour cent tout bon papier revêtu de trois signatures ; puisqu'elle se plaint dans presque tous ses rapports de n'avoir point trouvé assez de bon papier à escompter ; puisqu'elle a depuis longues années, à son grand préjudice, un gros capital numérique improductif, il est urgent de mettre un terme à tant d'inconvéniens. L'harmonie des crédits demande une foule de ressorts, de modifications de ressorts dont l'action régulière soit en quelque sorte aussi parfaite que l'est la pendule de la Bourse de Paris.

Les banques de département et d'arrondissement fourniraient d'excellentes valeurs à la Banque de France et au Trésor public. Quand je vois l'espèce de jalousie qui existe entre les citoyens de la Banque et ceux de l'industrie agricole, je suis fondé à dire : C'est l'âme et le cœur qui sont en discordance, et ce jugement est fondé de la manière la plus directe, non plus sur les théories des écrivains, non plus sur les déclarations d'Aix-la-Chapelle, mais bien sur ce qui se passe, sur les agitations qui ont lieu dans toutes les parties de l'univers, dans tous les départemens de la France, et spécialement autour du Palais-Royal.

Je ne puis retracer ici les preuves que j'ai données de la facilité avec laquelle les riches pourraient être honorés, les pauvres consolés et chacun travailler utilement au crédit public. En divisant et subdivisant les études et les travaux qu'exige ce crédit, l'on verrait bientôt qu'il n'est pas un seul être dont l'existence y soit étrangère.

Louis-Philippe et le prince royal sont conjurés de se pénétrer des vérités relatives au crédit public. Ils reconnaîtront, comme devaient le reconnaître Charles X et le Dauphin, que le crédit est réellement l'âme de l'État, le gage de la victoire, le moyen suprême de conserver un rang éminent, parce qu'il donne la faculté de disposer des hommes et des choses dont le concours est nécessaire à l'accomplissement des devoirs.

Abandonner le crédit à la force de ceux qui veulent produire le discrédit, c'est se montrer incapable d'accomplir ses propres obligations. Comme il est impossible d'empêcher les spéculations à la baisse, autrement que par un grand concours de facultés qui maintiennent la hausse, le crédit, l'intérêt modéré, l'active circulation de l'argent et des signes qui le représentent, il devrait y avoir près du Roi un conseil spécial de crédit public ; il ferait chaque mois un rapport au Roi, et tous les six mois un rapport général destiné à la publicité comme le sont les rapports de la Banque de France. De même que le gouvernement doit protéger le trésor de cette Banque contre les émeutes populaires qui finiraient par le pillage, de même la Banque de France doit soutenir, de toutes ses facultés, le gouvernement actuel dans l'accomplissement du devoir de protéger toutes les fortunes.

L'acte de souveraineté populaire qui chasserait la nouvelle dynastie, comme impuissante pour le bonheur et la gloire de l'État, ne respecterait pas plus le palais de la Banque et ses régens, que cette souveraineté jugerait entachés de la même impuissance. Si la Banque de France et la Société d'encouragement eussent secondé les développemens du crédit que j'avais proposés en 1806, elles eussent puissamment contribué à prévenir les erreurs de Napoléon, l'anéantissement de notre puissance maritime et continentale ; elles eussent contribué à prévenir les invasions qui ont mis en danger notre richesse et notre Banque, comme elles y ont mis notre capitale et notre territoire, qui fut, sept ans plus tard, démembré.

La conséquence des éloges donnés par Louis-Philippe à l'agriculture, est que les institutions de crédit agricole et foncier répondent aux obligations du Roi. Le privilége même de la Banque de France serait grandement consolidé, ainsi que ceux de la dynastie, par l'institution d'un grand établissement de crédit foncier et agricole, sous les auspices spéciaux du Roi.

Admettons que Charles **X**, en 1824, eût véritablement identifié son intérêt, son bonheur et sa gloire, avec ceux de la France et de l'humanité, le Roi Très-Chrétien eût trouvé dans cette union d'immenses traits de lumière et d'immenses garanties de stabilité. Le Roi, devenu juste appréciateur, protecteur réel et modérateur suprême du crédit foncier, trouvait dans l'ensemble des propriétaires français et européens un tout autre appui que celui de la congrégation ultramontaine, qui s'est montrée si nulle aux jours de danger, après s'être montrée si hostile dans les jours précédens.

Puisque la Charte ne faisait aucune distinction de propriétés et d'impôt direct pour les droits électoraux, la marche de l'administration devait être conforme à cette loi fondamentale dans tout système électoral et représentatif ; la confiance, méritée justement, eût dispensé des ruses et des violences, des prodigalités et des corruptions. Nos lois, émanées d'un sanctuaire pur, auraient exercé sur le dévoûment des contribuables, la fidélité de tous les sujets, un tout autre pouvoir que celui dont les événemens de juillet ont attesté la faiblesse générale. La propriété sera toujours chez nous la base de la plus grande partie des capacités électorales, même dans le cas où le cens serait abaissé à 3o fr. d'impôt direct.

En mettant en vigueur l'ascendant décisif du crédit foncier, Charles obtenait sans peine le suffrage des Chambres et des électeurs, et un budget de quinze cents millions. L'étranger jaloux pourrait seul concevoir de l'ombrage des développemens de notre principal moyen de crédit, appliqué à la restauration véritable de notre puissance continentale, maritime et diplomatique. Lorsque le comte de Villèle, dans le *Moniteur* du 7 novembre 1827, faisait insérer un passage contraire au crédit foncier, il préludait en même temps aux barricades et aux massacres du quartier Saint-Denis, pour les 19 et 20 du même mois ; tout chez nous était par lui déprécié dans l'intérêt des étrangers, jaloux de nos biens, et infracteurs des traités qui les garantissaient. C'est au grand préjudice de nos propriétés et de la dynastie que le même intérêt, contraire aux traités, a soustrait le comte de Villèle au jugement des Chambres, parce que le jugement approfondi de cette époque eût fait découvrir les profondes combinaisons du ministre et des étrangers, parjures à toute foi divine et humaine. C'est l'impunité du comte de Villèle qui fait aujourd'hui trembler le sol sous le palais de Louis-Philippe, et qui expose le prince de Polignac à la fureur populaire.

Un élan général donné au crédit foncier, par lequel la plus grande abondance précéderait constamment les plus grandes améliorations de la population, nécessiterait les travaux les plus étendus ; cet élan donnerait à l'inquiétude d'un peuple dont les deux tiers sont cultivateurs, une utile distraction dans la sollicitude qui porte ce peuple à juger lui-même, parce qu'on n'a pas jugé comme on le devait ; dès-lors il serait bientôt calme. Son aurore de bonheur, en tous cas, ne le rendrait point ennemi de la clémence.

Toutes les jalousies intérieures ou extérieures peuvent être rapidement dominées par le sentiment de l'importance des améliorations foncières, et par le crédit qui doit s'identifier avec elles. Londres et les États-Unis sont également intéressés à ce que nous leur fournissions, au meilleur marché possible, nos vins et nos eaux-de-vie, de même que le peuple ouvrier de France est intéressé à ce que le laboureur puisse donner le blé constamment à un taux modéré.

Il ne faut jamais perdre de vue, si l'on veut consolider, perfectionner le sol et les institutions qui le régissent, que l'agriculture française doit avancer environ trois milliards par an, afin de reproduire et conserver ses utiles richesses. Que les avances manquent, la conservation et la reproduction manqueront. Si, au contraire, les avances sont proportionnées aux besoins, l'agriculture, qui peut dépenser trois milliards annuellement pour en avoir quatre de produit net, en aurait cinq et demi, si elle pouvait en avancer quatre. Le produit net de l'agriculture serait d'autant plus considérable dans le cas où l'agriculteur, au lieu de prélever, comme il y est souvent obligé, un intérêt de six à dix pour cent, ne devrait prélever qu'un intérêt de trois à quatre pour cent, et trouverait à ce taux les sommes dont il pourrait justifier l'utile emploi aux conseils des Banques, soit royales, soit départementales.

Un pays serait-il ruiné par quelques grands fléaux, les banques locales s'adresseraient à la Banque royale foncière, ou à celle de France, ou même au Roi, chef suprême du Trésor public, qui est celui des contribuables. Dans cette opération, le Trésor public ne ferait que s'aider lui-même; il n'est puissant, en effet, que par le dévoûment et la richesse des contribuables. Tous les employés de ce Trésor qui, depuis quarante ans, ont troublé l'harmonie financière de toutes les facultés nationales, ont agi comme s'ils avaient été corrompus, séduits par l'intérêt étranger, pour décomposer la puissance nationale. Répétons ici que si le délire des gouvernemens désespère, en général, les peuples, il frappe encore plus directement les agriculteurs : ce sont eux qui font les plus grands sacrifices d'hommes et d'argent pour la guerre; ce sont eux dont la guerre ruine plus directement les fortunes : c'est donc aux agriculteurs qu'un Roi, vraiment juste, vraiment national, libéral et appréciateur éclairé de l'amélioration agricole, doit un appui plus spécial ou plus urgent; appui qu'ils lui rendront au centuple.

De ce qu'il y a des vices dans la législation hypothécaire, dans les modes d'expropriation foncière, il ne s'ensuit aucunement que les agriculteurs et propriétaires soient indignes de crédit; il ne s'ensuit encore aucunement que leurs obligations ne puissent circuler comme les meilleurs effets du commerce, de la Banque et du Trésor. Dans le cours du mois de décembre, une émeute populaire dirigée contre le haut commerce, la Banque de France, peut les ruiner; certes, elle ne ruinerait pas ceux dont la fortune se compose de créances hypothécaires sur divers points du royaume. Dans nos campagnes, les bâtimens sont comptés pour peu de chose; l'ennemi, en les ruinant, ne ruine pas le créancier hypothécaire. Les prairies, les champs, ne sont point, en général, quant au fonds privé, la proie de l'ennemi; dans notre droit public moderne, le vainqueur ne prend que le domaine de l'État, et une portion plus ou moins forte du revenu des sujets.

Rien n'empêche de former des garanties pour le crédit des propriétaires contre les faillites, comme on institue des assurances contre l'incendie et la grêle : ainsi, le propriétaire qui voudrait mettre en circulation les effets de son crédit, pourrait offrir aux preneurs, aux endosseurs, outre sa moralité, son hypothèque, le certificat de garantie donné par une compagnie locale ; nul doute que cette compagnie d'assurance mutuelle contre les faillites, en prenant un pour mille de tous les effets qu'elle pourrait garantir, ne fît des bénéfices très considérables.

Je connais plus de cinq cents propriétaires-cultivateurs, et je n'en connais pas dix qui soient dans le cas d'inspirer des craintes sérieuses à leurs créanciers ; les hauts négocians, les banquiers, les agens-de-change, les notaires de Paris, n'offrent point de garantie plus satisfaisante. Tous nos Rois ont laissé des dettes, qui ont été beaucoup moins parfaitement payées que celles des propriétaires-cultivateurs. Le clergé, la noblesse, ont marché du même pas dans la carrière des faillites.

Il n'y a donc point de motif raisonnable pour combattre l'urgence de l'union à fonder entre le crédit dont est digne le Roi-citoyen, et les citoyens propriétaires-cultivateurs.

Ceux qui veulent la ruine commune de la dynastie et de la patrie, doivent réunir leurs efforts pour anéantir le crédit réciproque des princes et des propriétaires de France. Si les princes et les propriétaires négligent d'unir leurs facultés avec la célérité, l'étendue , requises par la gravité des circonstances et l'immensité des besoins, les princes et les propriétaires de France, encore une fois, seront les tristes jouets ou les sanglantes victimes de leurs ennemis communs.

L'harmonie véritable des facultés actuelles des princes et des propriétaires peut, jusqu'à concurrence d'un milliard, enrichir la circulation, la reproduction , la conservation , en valeurs préférables, sous tous les rapports, à l'or et à l'argent.

Si l'on pouvait craindre quelques similitudes d'une telle circulation avec les abus des papiers-monnaies , rien n'empêcherait que les stipulations eussent lieu en mesures de grains, de bois, de vin , de fer, et autres valeurs conformes à des échantillons déposés ; le moyen terme du prix de la journée de travail pourrait être encore pris pour règle de la valeur intrinsèque d'une obligation. L'argent monnayé qui est véritablement en circulation, n'excède guère un milliard. Il n'est pas toujours juste qu'une mesure de valeurs essentiellement variables, serve de règle à toutes les autres valeurs, que l'on peut estimer cent quatre-vingt-dix-neuf milliards, c'est-à-dire cent quatre-vingt-dix-neuf fois plus considérables.

J'avais complété toutes ces démonstrations

dans l'intérêt de la France et de l'humanité, par un travail qui fut, en 1810, honorablement mentionné par le jury des prix décennaux ; un grand nombre de pièces authentiques sont jointes à ce travail, que le ministère de l'intérieur et l'Institut ont négligé de me rendre. Je citerai un exemple qui est de notoriété publique, c'est celui du vin. Le propriétaire reproducteur paie d'abord l'impôt foncier, la culture des vignes, puis les premiers frais de fabrication et de conservation des vins. On a vu, en 1828, des propriétaires reproducteurs de vins, pressés par le besoin d'argent, et décrédités, donner leurs vins à moitié du prix coûtant. Aujourd'hui, les propriétaires ou détenteurs de vins, qui ont eu les moyens de conserver, reçoivent un prix triple de celui qu'ils auraient reçu en 1828 ; ils auraient donc eu un gros bénéfice à emprunter de l'argent, même à six pour cent. Le gouvernement qui, à la même époque, pouvait avoir de l'argent à trois contre les bons royaux, aurait facilement avancé cent millions aux propriétaires détenteurs de vins, qui, dans chaque pays, auraient réuni leurs solvabilités pour le crédit inaltérable des obligations qu'ils auraient souscrites au gouvernement. J'ai fait la proposition spéciale de cette union de crédit à Charles X et au comte Roy : on doit en trouver les preuves dans les papiers de la cour et du ministère. La proposition n'a pas même donné lieu à une réponse de la part de Charles **X**; son autorité d'ailleurs, nulle sous tant de rapports, n'avait aucune organisation relative au crédit, c'est-à-dire à l'âme de l'État, au gage de victoire, au moyen de conserver un rang éminent. Avec beaucoup de protections, j'ai obtenu sur le même point, audience et promesse de jugement; mais avant que la promesse pût être réalisée, Charles **X**, le comte Roy, trois ou quatre autres ministres des finances sont tombés; ils sont tombés au milieu des murmures, d'abord, puis des malédictions, et enfin au milieu de la révolte des contribuables que désespéraient les droits réunis.

Ce qu'il était facile de prévoir est arrivé. En 1830, les produits de la plus grande partie des vignobles de France seront loin d'équivaloir à l'impôt foncier et à la culture des vignes. Cette récolte, presque nulle, n'offrira aucune ressource aux droits réunis; la perception même de l'impôt foncier et mobilier sera difficile chez la plupart des propriétaires vignerons.

Il est assez raisonnable d'admettre que nos voisins d'Angleterre, plus habiles calculateurs que nous, profitant de la détresse des vinicoles français, auront acheté, dans les années antérieures à celle-ci, des quantités de vin que l'on peut estimer dix millions d'hectolitres, dont ils n'auront exporté que la moitié. En nous revendant l'autre moitié restée chez nous plus que le double du prix coûtant, ils auront un bénéfice net supérieur au prix des cinq millions d'hectolitres de vin exporté, c'est-à-dire de deux cent cinquante millions, en évaluant l'hectolitre de vin cinquante francs. Ainsi, faute du jugement que devaient rendre Charles X et notre ministre des finances, nous perdons deux cent cinquante millions, Charles X perd la couronne et l'honneur, le ministre son portefeuille, et, ce qui est bien pis, la sûreté de sa personne et de sa fortune colossale. Que le peuple de Paris entreprenne de renverser les barrières pour avoir le vin à meilleur marché, Louis-Philippe, sa famille, le comte Roy, MM. ses gendres, voudront concourir au maintien de l'ordre ; le cas est imminent.

Tous, oui, tous peuvent, dans une même journée, peut-être trop prochaine, être victimes de la fureur populaire. Quand on veut, sans détour, prévenir les effets de cette fureur, il faut de toute nécessité se résigner à prévoir, et annoncer, pareillement sans détour, une imminence des effets de cette même fureur.

Ce que je dis au sujet du vin s'applique, avec une force nouvelle, à l'importante question des grains qui n'ont point été suffisamment bien conservés et reproduits pour assurer notre approvisionnement de deux années, comme on pouvait le faire aux époques où je le proposais avec de nouvelles instances, en 1806, en 1810, en 1812, en 1823, et dans toutes les années suivantes, jusqu'à la présente année 1830.

Louis-Philippe, son fils, ses ministres, sont conjurés d'apprécier les rapports qui existent entre les améliorations et les crédits fonciers. Par cette juste appréciation, ils seront conduits à seconder de tout leur pouvoir les mesures urgentes et les institutions fondamentales. Que les banquiers et négocians veuillent bien considérer que des bénéfices qui peuvent compromettre le repos et le bonheur promis au monde, compromettent d'abord les fortunes acquises au préjudice ou au mépris de ce repos et de ce bonheur. Tant en France qu'en Angleterre, les grandes fortunes ont un besoin impérieux d'être en harmonie avec les suprèmes intérêts, les vérités éternelles qui doivent présider au cours de nos destinées.

On s'étonne de la persévérance des défenseurs du crédit foncier, qui continuent à le présenter comme un vrai moyen de triomphe pour la France et de consolation pour l'humanité. La cause de cette persévérance est cependant fort naturelle, puisqu'elle se trouve dans une intime conviction de la vérité salutaire constatée par actes solennels.

Tous les hommes du pouvoir, tour-à-tour déchus depuis quarante ans, ont mal jugé, comme les événemens le prouvent, leur situation et la nôtre ; dès-lors leurs jugemens sur les améliorations nécessaires à cette position ont été faux comme leurs jugemens sur la position même. Cependant, en général, tous avaient fait des sermens pour l'intérêt, le bonheur et la gloire de la France. Tous avaient certainement la ferme volonté d'accomplir leurs sermens, et, puisqu'ils ne l'ont pu, il faut donc admettre qu'il n'a point cessé d'exister des causes graves d'impuissance. Elles ne peuvent se trouver ailleurs que dans la conspiration permanente que j'ai citée, dans la fausse interprétation de l'intérêt suprême des États, dans le défaut d'application des vérités éternelles qui sont les uniques bases de toute espèce de bonheur et de gloire. Louis XVI, monarque absolu, Louis XVI, roi constitutionnel, les comités de gouvernement de la Convention, les directeurs, les consuls, l'empereur, Louis XVIII, Charles X, le Dauphin, le duc de Berri, le duc d'Orléans, le duc de Chartres, ont été proscrits tour-à-tour, parce qu'ils n'avaient point, dans le sol heureux et consolidé de la patrie, les racines profondes qu'ils auraient dû y prendre.

La cour, la noblesse, le clergé, la magistrature, et les autres grands propriétaires, la haute finance, les ministres, ont de même été proscrits.

Toutes ces proscriptions des supériorités sociales ont mis dans l'État de grands germes d'anarchie, qui ne peuvent être étouffés que par la puissance du chef que fortifieront les améliorations et le crédit foncier.

L'effet de ces améliorations et de ce crédit est que la patrie ne soit pas définitivement vaincue, et qu'elle puisse même vaincre ses ennemis, tant qu'il reste une portion de territoire et de peuple indépendans et fidèles : chez nous, cette haute question de puissance a été jugée, et la sentence exécutée, comme si l'étranger jaloux eût présidé, par des agens fort habiles, au jugement et à l'exécution.

A la fin d'octobre 1830, Louis-Philippe, reconnu par les puissances étrangères, devrait, par l'élévation de tous les crédits, marquer la confiance qu'il inspire. Il n'en est pas ainsi ; la sourde hostilité des étrangers jaloux précède donc toujours dans le cœur de notre puissance les hostilités patentes.

Notre commerce intérieur est dans la détresse ; le président du tribunal de Paris est en faillite. Notre commerce extérieur est soumis à la prépondérance incontestable, à la domination de notre

ancienne rivale sur toutes les mers. Le refus
d'impôt, une commotion nouvelle des peuples,
rendent équivoque la stabilité du crédit de l'État,
compromise d'ailleurs par tant de banqueroutes
publiques. S'il y a danger à prêter sur hypothèque, comme l'a fait prouver M. Casimir Périer
par le prix qu'il a décerné, pour cette preuve, à
M. de Courdemanche, ce que le capitaliste peut
faire de mieux, c'est d'enfouir la plus grande partie de son or. Que deviendront le Roi, le peuple,
dans cet état critique? Ils tomberont de plus en
plus sous la domination sourde des étrangers, qui
briseront les liens de patrie et de fidélité.

Si, comme je n'en doute point, M. Casimir
Périer est ami sincère et dévoué de Louis-Philippe plus qu'il ne l'était de Charles X, je le con-
jurerai avec succès de ne point refuser de contribuer même à faire accorder les bienfaits, les
gages de victoire que le crédit foncier offre au
Roi actuel. Le corps électoral de France, sur
quatre-vingt mille citoyens, offre au moins
soixante-dix mille propriétaires ; il est très peu
de ces propriétaires qui ne doivent des sommes
hypothéquées sur leurs biens ; il en est très peu
qui négligent de payer de telles dettes ; il n'y a
certainement pas un électeur propriétaire, sur
cent, dont la solvabilité soit équivoque et ne pût
être garantie avec succès par la Banque de

France, moyennant un pour mille des obligations contractées par les quatre-vingt-dix-neuf centièmes des mêmes propriétaires électeurs. Ce sont donc eux qui offrent les bases les plus solides du crédit public et privé.

Négliger ces bases de puissance, ne point les accorder à une royauté vraiment constitutionnelle et patriotique, ce serait vouloir que cette royauté tombât comme nos autorités précédentes, sans force contre l'anarchie suscitée par l'étranger. Juger que les trois quarts du corps électoral des principaux propriétaires de France sont indignes de crédit, serait favoriser les sourdes jalousies de l'étranger, dissoudre le dernier lien de force et d'union qui existe en France et dans l'humanité.

Juger et agir ainsi, ce serait vouloir que nos divisions n'eussent aucun terme, notre union, aucun point d'appui, notre gouvernement, qu'une instabilité toujours entachée d'impuissance ou de parjure. Prolonger au-delà du mois d'octobre 1830 la proscription lancée contre la puissance du crédit et des améliorations, qui est inhérente au sol de la capitale de la patrie, aux propriétés de la dynastie, des électeurs, ce serait vouloir que l'étranger jaloux triomphât; que les misères humaines devinssent sans remède; que Paris fût ruiné, la France, démembrée, Louis-Philippe, tué

ou chassé, un grand nombre de nos contemporains, de nos frères, massacrés.

Un général fort éclairé, commandant aujour-
d'hui une de nos places considérée comme bou-
levard de la France, était, avant les catastrophes de juillet, l'un des administrateurs et principaux intéressés de la Caisse hypothécaire. Je
soumis à cet honorable officier les parties de mon
travail relatives au crédit foncier en général, et
spécialement à la Caisse hypothécaire. J'y montrais à Charles X, au comte Roy, puis au comte
de Chabrol, les immenses avantages que le gouvernement pourrait obtenir d'une union de crédit en
bons royaux, jusqu'à concurrence de vingt millions, entre le Trésor public et les valeurs de la
Caisse hypothécaire. Je montrais que par cette
opération le gouvernement ferait d'abord un bénéfice considérable sur l'accroissement de prix
qu'obtiendraient les effets de cette caisse alors dépréciés de moitié. Je montrais qu'il était facile de
mettre ces effets au pair en suivant l'esprit et la
lettre de l'ordonnance qui instituait cette caisse,
en les combinant avec les articles de nos lois de
finances relatifs au service du Trésor et aux bons
royaux. Le général me répondit : « Si le gouvernement voulait faire union de crédit avec nous
jusqu'à concurrence de quatre millions seulement, il nous rendrait la vie. Mais nous avons

dans les bureaux des ennemis acharnés qui paraissent avoir juré notre ruine. » Je répliquai : « En jugeant ces ennemis-là d'après les actes solennels du gouvernement qui veut s'appuyer sur la propriété , sur les améliorations agricoles , les mêmes ennemis qui vous paraissent avoir juré votre ruine me paraissent à moi, avoir juré celle du Roi, celle du ministre, celle du Trésor, celle des contribuables , celle , en un mot, de la France. Si de tels ennemis étaient à la solde d'une puissance sourdement jalouse de nos richesses territoriales et de la prépondérance de notre gouvernement , je les concevrais très bien ; mais si les ennemis dont vous me parlez sont de bons Français, des électeurs fidèles à leurs sermens, je ne puis les concevoir ; car, dans mon intime conviction , ils travaillent à révolter les contribuables , à préparer le refus d'impôts, la mort ou l'expulsion du Roi et du ministre des finances. »

Peu de temps après cette assertion, que le général, que le marquis du B..... et le directeur de la Caisse hypothécaire attesteraient au besoin, le comte Roy a été évincé du ministère, le comte de Chabrol l'a été de même, le comte de Montbel est menacé de perdre la vie, et par la fureur populaire, et par la hache du bourreau. Charles X aurait pu être tué à la fin de juillet ainsi que le Dauphin , toujours est-il indubitable qu'ils ont

été chassés. Telles sont les fins auxquelles conduit de plus en plus l'oubli des vérités éternelles
sur la réciprocité du bien-être et du crédit.

Faute d'être entré dans les grandes voies du
crédit national , M. le baron Louis est fortement
menacé de donner un nouvel exemple d'impuissance ministérielle. Mais les ministres, tombés
devant le peuple de 1790, ne cessèrent point
d'être menacés dans leur vie et leurs fortunes ; je
défendrais au péril de ma vie MM. le baron
Louis, le comte de Chabrol, le comte Roy, mais
je regarderais comme une grande témérité de ma
part de les assurer qu'en exposant ma vie pour
eux, je les préserverais d'être massacrés comme
ils l'auraient été dans les temps qui se sont écoulés
de 1790 à 1795. Un danger analogue doit menacer les trois ministres des finances tant que le
peuple ne sera point satisfait. Ces trois honorables
Français doivent unir leurs facultés à cette satisfaction ; ils en ont de grandes quoiqu'ils ne soient
plus ministres.

J'ai prouvé authentiquement avoir découvert
beaucoup de choses dans un avenir qui s'est réalisé. Ce que je n'ai jamais pu découvrir , ce sont
les grands risques que pouvaient courir Charles X
et les ministres des finances précités, dans une
véritable et intime union du Trésor avec le crédit
foncier ou la Caisse hypothécaire. Toutes les fois

que les agens de finances ont été amenés à des explications tant soit peu précises, leur ignorance des besoins présens et à venir, leur insouciance sur les remèdes qui auraient prévenu les maux passés de la patrie sur l'application des vérités éternelles, ont été pour moi un sujet d'étonnement inexplicable.

Je n'ai jamais douté, par exemple, qu'aux temps de Louis XVI, de Napoléon, de Louis XVIII, une juste appréciation des avantages de l'union du crédit foncier et du crédit public n'eût préservé ces chefs des catastrophes qu'ils ont subies et qu'ils ont fait subir au peuple français. Mieux valait certainement sous Louis XVI que la couronne, la noblesse, le clergé, la haute finance, la magistrature, les grands propriétaires, émissent pour les besoins de l'État des valeurs hypothécaires jusqu'à concurrence de la deux centième partie de leur fortune, que d'être exposés à perdre toute cette fortune, et de plus le repos et la vie. Même vérité s'est reproduite dans les causes de la première catastrophe de Napoléon, dans la seconde de ce même chef et de Louis XVIII, dans la troisième du comte d'Artois, Charles X. Très certainement, dans le cas où ces différens chefs auraient justement apprécié les avantages du crédit foncier, son usage conforme aux vérités éternelles retracées dans les actes les plus solennels, ils pouvaient en obtenir une puissance financière égale à la deux centième partie de notre fortune publique. Le milliard provenant de l'union, sagement employé dans les besoins de l'État et dans les améliorations foncières, eût préservé la France des guerres, des famines qui lui ont fait perdre plus de cent cinquante milliards depuis quarante ans, et qui la menacent de nouvelles pertes à la fin d'octobre 1830.

Les vérités éternelles retracées dans les traités et déclarations, d'après les principes invariables de toute morale et de toute religion, sont aujourd'hui d'accord avec l'intérêt le plus matériel des différens États.

L'Angleterre est fortement intéressée à ce qu'il n'y ait point chez nous la crise financière et commerciale que l'on est fondé à redouter. Cette crise, en effet, réagirait sur le crédit et les utiles travaux de nos voisins. L'Angleterre est donc intéressée à ce que nous prenions une grande mesure analogue à celle qui fut prise par son propre gouvernement dans une occurrence périlleuse. Une somme de deux cent cinquante millions fut votée pour une avance au commerce et aux manufactures en souffrance. Le seul fait du vote rétablit la confiance générale ; chacun fut jaloux de participer à cette confiance que le peuple anglais avait eue lui-même ; les capitalistes rouvrirent leurs coffres, les fabricans continuèrent à employer leur immense quantité d'ouvriers, sans être obligés de vendre à perte. Enfin, par le seul fait que le gouvernement offrait beaucoup, à peine si on lui demanda de réaliser la moitié de ses offres. Tels seraient chez nous les effets de l'application des vérités éternelles sur la réciprocité des fortunes et des crédits; leur union seule les vivifie dès qu'elle a une étendue convenable.

Je viens de lire, dans le *Moniteur*, l'ordonnance royale qui met trois cent mille francs à la disposition de commissaires, pour l'escompte des effets de commerce, pour tous nos départemens; celui de la Seine est excepté : il a un million. J'avoue que la médiocrité de la somme présente une choquante disproportion avec les besoins, avec la fortune, qu'il s'agit de conserver et d'améliorer; j'avoue que la choquante disproportion de cette mesure, avec celles qu'exigent les sermens du Roi, m'ont fait croire qu'il y avait une faute d'impression dans l'ordonnance insérée au *Moniteur*. Je ne me permettrai pas de retracer ici ce que l'ordonnance a déjà produit de fâcheux; tout ce que les journaux les plus hostiles au gouvernement pourront imprimer, sera loin de ce que l'on dit et de ce que l'on dira dans l'intimité des épanchemens. Ces faits, au total, confirmeront malheureusement ce que j'ai dit des inconvéniens qui résultaient du défaut d'un conseil spécial de renseignemens et d'améliorations. Pour le maintien du respect et de la fidélité dus au Roi, il y a donc nouveau motif d'insister sur l'urgence de l'institution de ce conseil.

Si nos anciens rivaux avaient pu influer, avec leur antique jalousie, sur les délibérations de l'ordonnance, elle ne produirait pas une sensation différente dans le peuple français.

Après les plus affreuses dévastations, nous avons pu trouver quinze cents millions pour les étrangers, un milliard pour les émigrés, sans que notre crédit public en fût très affecté, et nous ne pouvons trouver que moins du tiers d'un million pour l'escompte des effets de tous nos départemens, celui de la Seine n'obtient qu'un million! Je croirais en vérité avoir fort mal compris l'ordonnance, si elle n'avait produit dans le public l'effet que j'en ai ressenti ; le plus grave préjudice en résulte dans l'opinion pour la tranquillité publique et la sûreté du gouvernement. Je ne serais point surpris, je le dis à grand regret, que l'indignation qu'elle excite par l'espèce d'humiliation, de dérision, déversée sur un peuple souffrant, ne portât un jour ce même peuple à massacrer le ministre actuel des finances. Pour éviter ce malheur, il est urgent de le prévoir ainsi que tous autres. Montrons, à l'appui des vérités éternelles, les faits locaux récens.

A quelques lieues d'une grande propriété du comte Roy, le peuple s'est révolté sur différens points, dans les départemens du Cher et de l'Indre : les droits réunis, la rareté du blé, ont été les causes apparentes de la révolte. Suivant le *Moniteur* et d'autres renseignemens, trois mille gardes nationaux ont été obligés de marcher sur Issoudun, commandés par le général Petit, et avec du canon ; il y a plus d'un mois, le même général, à la tête de deux cents hommes de troupes de ligne, avait été repoussé de la ville. Dans le cas où il aurait insisté, lui et ses deux cents hommes pouvaient être massacrés, après avoir massacré un nombre à-peu-près égal de concitoyens. Si l'expédition dernière n'eût été que de douze cents hommes, les révoltés auraient pu lutter à forces à-peu-près égales, et quatre à cinq cents Français auraient péri par des mains françaises. La guerre civile pouvait être définitivement allumée.

Le comte Roy, s'il se fût trouvé dans ce pays, n'eût pas laissé d'y être dans le même danger. Le comte de Chabrol, qui possède de grandes propriétés dans les pays adjacens, n'eût pas été plus respecté dans le moment de la révolte. Les trois ministres précités et le baron de Monthel, ministre des finances, accusé de haute trahison, pouvaient facilement prévenir la révolte d'Issoudun, en avançant à cette ville une centaine de mille francs, à l'époque où la grande quantité de vin qu'elle possédait ne pouvait être vendue qu'à grande perte; on eût alors évité un grave symptôme de désespoir et de guerre civile. Les droits réunis, et autres impôts indirects, auraient gagné en deux ans à-peu-près l'équivalent de la somme avancée. Les trois mille hommes qu'on a été obligé d'arracher à leurs utiles travaux, pendant environ une semaine, auraient donné cent mille francs pour n'être point obligés à cette corvée. La fortune publique a éprouvé un préjudice matériel de plus de deux cent mille francs; le préjudice, sous le rapport de la confiance, s'élève à vingt millions et plus. Les propriétés, les crédits, les solvabilités, les industries, sont dépréciés à l'infini. J'ai sous les yeux une lettre d'un respectable agent de banque, qui annonce que toutes les affaires sont dans une langueur désolante.

Les motifs qui ont pu empêcher MM. Roy, de Chabrol, de Montbel, Louis, d'adopter les moyens propres à prévenir la révolte des contribuables, doivent être pour le Roi un grave sujet d'étude, d'après la teneur même des sermens et des paroles de Sa Majesté.

Tous les inconvéniens précités, et tous ceux de même nature, auraient encore été prévenus, il y a deux mois, par un avertissement que le Roi, bien informé par le conseil spécial proposé, aurait donné à certain archevêque, à certains prêtres, à certains receveurs de nos finances. Les ministres des cultes, de l'intérieur, de la justice, des finances, auraient donné des avertissemens analogues à chacun des fonctionnaires compétens. Quelques visites, faites par des procureurs du Roi, leurs substituts, des juges-de-paix, fidèles au nouvel ordre de choses, auraient fait connaître les chefs secrets des instigateurs de la révolte. Douze agens fidèles de police, une union de crédit de cent mille francs, employés à propos en 1828 ou 1829, eussent amélioré la fortune publique des départemens précités de vingt millions.

L'ex-ministre, l'archevêque, son parent, chefs secrets de la révolte, dans l'intérêt mal-entendu des étrangers jaloux, pourront se réjouir, pendant quelques jours, de leur succès et de leur impunité; mais ils seront bientôt exposés à la vengeance de ce même peuple dont ils font le désespoir.

Les événemens ont confirmé, par des traits sanglans, les explications que j'ai données dans mon ouvrage, et que j'ai communiquées à plusieurs personnes de la cour, sur une caricature où Charles X avait une tête de sanglier, la partie inférieure de la mâchoire était pendante ; le corps était représenté par terre, entre deux chaises, et chassé par des hommes en carmagnole, en bonnet de liberté, en marchands de la rue Saint-Denis et en gardes nationaux, ils avaient des têtes de chiens. Les incrédules d'alors me rendent justice aujourd'hui, mais il est trop tard. Je tendais à ce que Charles X fût solidement assis sur le trône constitutionnel, comme j'y voudrais voir Louis-Philippe. Que ce soit au moins un motif pour que les Français, amis fidèles de l'ordre public en ce jour, soient plus clairvoyans, plus attentifs : les gravures, les estampes, les caricatures, ont aussi leur éloquence.

Une caricature représente la *Gazette de France*, sous la forme de la Discorde, provoquant la guerre civile ; sa tête est hérissée de serpens, le lys est sur son cœur, sa lèvre est pendante. Si les auteurs et protecteurs de la *Gazette* ne citent pas le dessinateur en justice, c'est qu'ils avouent la vérité ; s'ils le citent, que l'autorité remonte aux causes fondamentales de l'imputation du crime de guerre civile, et l'on découvrira d'importans secrets. C'est près du Palais-Royal que j'ai vu l'estampe précitée ; le Roi peut et doit en avoir connaissance ; le fait ne peut être indifférent : ou l'ex-ministre qui a formé notre

administration actuelle des finances, notamment
dans le pays qui offre des symptômes de guerre
civile, est criminellement calomnié au sujet de
l'écrit périodique, qui est son organe habituel,
ou l'ex-ministre est, avec ses parens et ses organes, coupable de provocation à la guerre civile.
Dans ce dernier cas, il pourrait employer de
grands moyens de finances au renversement de
l'ordre actuel. Le triomphe des vérités éternelles
exige que tout indice de trouble soit mis à profit,
afin de prévoir et prévenir tous dangers.

Le Roi, même par ses paroles solennelles, retracées dans le *Moniteur* de ce jour 29 octobre
1830, continue de justifier le présent tome **XXI**
des *Considérations sur les destinées humaines*,
et tous ceux qui l'ont précédé. Voici le texte
même des déclarations royales.

A la députation d'Argenteuil.

« J'ai de même été bon patriote toute ma vie;
» mais si j'ai fait à la France un grand sacrifice
» en acceptant la couronne, j'en suis bien ré-
» compensé par la confiance qu'elle m'accorde.
» Elle a mon serment : j'y serai fidèle jusqu'à la
» mort. »

A la députation de la garde nationale de Pontoise.

« Maintenir l'ordre public, c'est maintenir
» la liberté, qui en est inséparable. Il ne peut y
» avoir de prospérité pour un État que quand
» l'ordre public n'est point agité par les factions
» qui, comme vous le dites, se cachent tantôt
» sous le masque de l'amour de la liberté, tantôt
» sous celui de la défense du trône : je n'ai ja-
» mais été dupe ni de l'une ni de l'autre. Té-
» moin, dans ma jeunesse, des excès que de
» vaines théories ont causés, je n'ai approuvé
» ni la tyrannie établie sous le nom de la répu-
» blique, ni celle qui, sous le nom de pouvoir
» royal, s'efforçait de priver la nation de ses
» droits. C'est la violation de la Charte qui m'a
» frayé le chemin du trône ; et c'est pour garan-
» tir à la nation ses libertés et ses institutions,
» que je me suis dévoué. La garde nationale
» trouvera en moi un Roi patriote toujours prêt
» à se sacrifier pour le bonheur et la liberté de
» notre pays. »

A la députation de Pamiers, présentée par M. Badouix, directeur du domaine privé du Roi et des princes.

« Je mettrai mes soins constans à consolider » les institutions qui doivent garantir les liber- » tés publiques et la prospérité de la patrie, » comme aussi à comprimer toutes les tentatives » de désordre et d'anarchie, par lesquelles on » voudrait compromettre son bonheur. » (*Débats*, 30 octobre.)

Il est évident que les réponses solennelles du Roi, qui viennent d'être transcrites, justifient les assertions de l'auteur sur le défaut des institutions complémentaires, indispensables à la solidité, à l'action, au triomphe des institutions existantes.

Un Roi constitutionnel ne peut comprimer toutes les tentatives de désordre et d'anarchie qu'en étant informé, dès le principe, de ces tentatives. Or, pour que le Roi soit informé mieux que ne l'ont été tous les chefs ses prédécesseurs, il faut nécessairement qu'une institution, qu'une organisation spéciale soit inhérente à la royauté de Louis-Philippe, afin qu'elle soit moins mal informée de toutes les tentatives de désordre et d'anarchie, dont toutes les autorités précédentes ont été victimes depuis quarante ans, faute d'informations convenables.

L'anarchie, le désordre, qui règnent en ce jour, 3o octobre, dans les écrits périodiques, relativement à la formation du ministère, qui est dans l'essence de la prérogative royale, attestent le peu d'ascendant que les paroles, les sermens émanés du Roi exercent sur la classe qui est, sinon la plus éclairée, du moins la plus influente, celle des écrivains périodiques.

Cette anarchie provient manifestement de l'oubli, du mépris dont on se rend coupable relativement aux vérités éternelles que le Roi ne cesse d'invoquer, sans jamais pouvoir les appliquer.

Sans doute Charles X, le duc d'Orléans, père du Roi actuel, Louis XVI, juraient aussi d'être fidèles à leurs sermens jusqu'à la mort ; ils ont été frappés de mort ou d'expulsion, sans que la gravité de leurs sermens eût l'influence qu'elle devait avoir sur le suprême intérêt de la France et de l'humanité. Napoléon a éprouvé un sort analogue : le million de soldats qu'il commandait ne l'en a point garanti ; le million de gardes nationaux auxquels Louis-Philippe aura commandé, ne garantira pas davantage Sa Majesté de l'expulsion ou de la mort. Il n'est que l'ascendant des vérités éternelles constamment maintenues, jamais méconnues ou interverties, qui puisse of-

fŕir les garanties désirables au Roi, à la France,
à l'humanité. L'on fatiguera , jusqu'à extinction
de forces physiques et même de fidélité, toutes
les gardes nationales de France , comme elles
l'ont été sous Napoléon et Louis XVI , sans en
obtenir les résultats qui ne peuvent être obtenus
par les armes , mais uniquement par les vérités
éternelles, l'harmonie qui en découle, et qui est
la seule preuve de leur application.

Le Roi parle souvent du sacrifice qu'il a fait
en acceptant la couronne, et de celui qu'il est
disposé à faire aux conséquences de cette acceptation. Il n'y a de sacrifice à faire qu'autant que
la royauté néglige les institutions nécessaires, les
mesures urgentes pour sa propre existence, pour
se préserver, pour préserver les peuples des conséquences forcées de l'impuissance ou du parjure.
Le Roi est donc aujourd'hui, 3o octobre, plus
que jamais dans l'étroite obligation de fonder un
ensemble d'institutions, de prendre un ensemble
de mesures, devenues chaque jour plus urgentes,
pour changer le cours des passions malveillantes,
à l'intérieur et à l'extérieur.

C'est ici le lieu de répéter avec Montesquieu
(*Considérations sur les causes de la grandeur
des Romains et de leur décadence*) la vérité
que j'ai prise pour texte, en 18a3, d'une invocation aux grands de la terre, qui étaient alors les

arbitres des destinées humaines : « Comme les
» hommes ont eu, dans tous les temps, les
» mêmes passions, les occasions qui produisent
» les grands changemens sont différentes, mais
» les causes sont toujours les mêmes. » Je suis
fondé à conclure de cette éternelle vérité ce que la
chute de Charles X et du Dauphin, ce que le
procès de leurs ministres met dans un nouveau
jour : les causes de grands changemens sont toujours les mêmes. Tant que S. M. Louis-Philippe
n'aura point organisé les agens de sa compétence,
de son autorité, de son influence directe et personnelle, le Roi ne pourra donner à ses ministres
une influence qu'il n'a pas lui-même ; il ne cessera point d'avoir anarchie en France. Par
l'éternelle vérité que les passions des hommes
sont toujours les mêmes, le Roi, ses ministres,
jouets de l'anarchie, seront toujours hors d'état
de disposer des hommes et des choses, à l'intérieur et à l'extérieur ; ils seront toujours exposés
aux conséquences rigoureuses de l'impuissance
ou du parjure, à la mort ou à l'expulsion ; Paris
sera exposé à être déchiré par la guerre civile,
pillé, incendié, ruiné ; par les mêmes conséquences
de l'impuissance ou du parjure, la France sera
toujours exposée à être démembrée ; un grand
nombre d'hommes, à être massacrés.

Cette perspective doit être assez dangereuse,

assez redoutable, assez clairement démontrée,
pour que le Roi s'empresse d'adopter des mesures
d'ensemble, un parti proportionné à la gravité
des circonstances, et surtout d'instituer auprès
de sa personne un conseil d'hommes éclairés, studieux, fidèles, en permanence jour et nuit.

DOCUMENS

ET

PIÈCES JUSTIFICATIVES.

———————

Ce serait ici le lieu de reproduire les principaux documens que j'ai cités dans le cours du présent ouvrage, et notamment les traités et déclarations transcrits pages 62, 93 et 132 du tome Ier; mais je dois me hâter d'aborder les plus grands faits qui présagent les dangers prochains de notre époque.

A la fin d'octobre 1830, le duc de Wellington continue d'être accablé d'outrages par le peuple de Londres, et obligé de fuir. Sa vie ne serait point en sûreté sur le théâtre de sa plus grande gloire, dans sa principauté belge. Il est vrai que si le célèbre duc persévère dans les sourdes jalousies de puissance maritime, il peut être consolé par la ruine d'Anvers, port qu'avait grandement amélioré Napoléon. Les hommes des Pays-Bas se mutilent, se ruinent avec une fureur qui doit faire tressaillir les amis du trop célèbre Canning : cependant la détresse des peuples d'Angleterre et d'Irlande accroît leur irritation. Les grands propriétaires des trois royaumes sont en danger d'être massacrés en quelques jours ; leur petit nombre n'offre aucune chance de succès à leur résistance. Les Bourbons exilés en Écosse n'y seront pas plus en sûreté que le duc de Wellington à Londres, lorsque commencera la guerre des infériorités contre les supériorités sociales.

Cependant, moi, Français, lorsque je considère la fortune et la toute-puissance maritime et diplomatique de la Grande-Bretagne, j'ose dire : cette grande fortune, cette influence maritime et diplomatique, sont extrêmement utiles au triomphe de l'ordre universel sur l'anarchie ; au triomphe de la civilisation sur la barbarie ; du commerce sur le brigandage ; elles sont utiles au repos et au bonheur promis au monde, à la fidèle observation des traités et déclarations qui promettent ce bonheur.

Le duc de Wellington est puni de la violation des actes dont il fut l'un des principaux auteurs ou signataires. Nos voisins, les rois des Pays-Bas et d'Espagne, ne seront pas plus respectés que le généralissime auquel ils doivent la couronne. La Prusse est en contact avec les révolutions qui agitent les Pays-Bas et la France. Les divers États d'Allemagne et d'Italie n'ont point de garanties certaines contre les troubles universels.

La violation ou le défaut d'application des traités d'harmonie, après avoir contribué à la mort d'Alexandre, empereur de toutes les Russies, ensanglante l'avènement et met en danger la vie de Nicolas, son auguste successeur : les conséquences de la guerre d'Orient font venir la peste dans Moscou ; l'empereur s'y transporte, sa vie est exposée. Les restes misérables de la Grèce se divisent, se subdivisent, se décomposent ; les Ottomans sont loin de renoncer à leurs vengeances.

L'Afrique, où les Français et d'autres chrétiens ont un commencement d'existence, résiste aux bienfaits d'une civilisation équivoque dans nos capitales mêmes. Les barbares de ces contrées spéculent, comme dans tous les temps, sur le massacre et la spoliation dont ils rendront les Européens victimes. Nos divisions peuvent offrir à ces barbares les moyens de massacrer ou dépouiller impunément nos compatriotes, nos co-religionnaires.

L'Asie, plutôt le théâtre d'une oppression prolongée que d'une harmonie favorable à l'humanité, n'attend qu'un moment propice offert par nos divisions, pour secouer le joug imposé par un si petit nombre à si grand nombre d'hommes. Le principe de bien-être réciproque des États et des individus, seule garantie des supériorités sociales, est généralement un objet de mépris en Asie. Il y règne pour les esclaves la honte, pour les maîtres, le danger. Les traités, mieux observés, nous préserveraient d'envoyer en Asie et chez les autres barbares grande partie de nos métaux. Nous fournirions des administrations en échange des riches produits de ces contrées; mais nous avons beaucoup trop à faire dans nos capitales : nous y négligeons la culture et les fruits de l'harmonie; nous ne pouvons la cultiver, la faire prospérer en Asie.

L'Amérique septentrionale, gouvernée par un président qui a plus d'influence personnelle parce qu'il est mieux instruit que nos souverains héréditaires, offre au monde l'exemple d'une grande république qui peut entraîner l'Amérique méridionale d'abord, puis l'univers entier dans le cours de ses prospérités. On dit que la république septentrionale d'Amérique tend à se diviser; que nos cabinets européens mêmes travaillent à cette division. Il pourrait se faire qu'ils n'opérassent qu'une réaction, suivie de terribles représailles. Beaucoup de peuples pourraient se dire : La condition des États-Unis d'Amérique est préférable à la nôtre ; levons-nous, que notre bras souverain renverse nos trônes vermoulus. Choisissons une condition républicaine, dont l'heureux exemple nous est offert, dont l'appui tout-puissant nous sera donné.

L'inexécution des traités, ou, pour parler avec plus de précision, la honteuse violation des traités de paix et d'harmonie universelle, rend les Européens suspects, odieux, méprisés dans l'Amérique méridionale. L'anarchie qu'ils y suscitent ou qu'ils y laissent régner menace de les dévorer eux, Européens, et leurs établissemens, au grand préjudice de nos métropoles. Nous sommes privés depuis vingt ans des deux ou trois cents millions que l'Amérique méridionale versait en Europe. Ils facilitaient l'acquittement des énormes charges publiques qui nous y grèvent. La privation de ces métaux, jointe au discrédit qui nous menace à la fin d'octobre 1830, rend plus imminente la révolte des contribuables. Ne point la prévoir quand elle est annoncée par des documens aussi positifs, ce serait ne point vouloir la prévenir. Les premiers symptômes de cette révolte imminente ont déjà fait massacrer grand nombre d'hommes en France et dans les Pays-Bas. Il est urgent de prévenir le danger imminent d'autres massacres. C'est ce que l'on ferait avec certitude en revenant avec énergie à l'esprit et à

la lettre des traités et déclarations de Paris, Vienne
et Aix-la-Chapelle.

31 *Octobre*. — Comme nous l'avions annoncé,
la garde nationale de Paris se fatigue ; je crains
qu'on ne l'entraîne à ne plus respecter son chef
suprême. Sa Majesté boit le vin des canonniers,
et d'estimables officiers négligent de se rendre à
ses invitations pour dîner avec elle. Ils préfèrent
le repos de leurs familles à ce grand éclat, qui
marque plutôt l'imminence du danger qu'on veut
conjurer que la jouissance de l'ordre promis.

Toujours même anarchie dans le cabinet de
France, le Roi n'y est point véritablement roi :
c'est véritablement l'anarchie qui y règne, tandis
que Sa Majesté va trinquer avec les canonniers. A
Dieu ne plaise que je donne à penser qu'il y ait
un seul canonnier qui ne soit pas digne de frater-
niser avec Sa Majesté ! J'ose le dire, le triomphe
de nos suprêmes intérêts, celui des vérités éternelles, rendaient plus impérieuse encore la présence du Roi dans son conseil, s'il en eût été
l'âme. La revue de la garde nationale occasion-
nera des dépenses, des pertes de temps, supérieures aux secours d'escompte, dont un si grand
nombre de gardes nationaux ont besoin dans les
mois de novembre, décembre et janvier prochains. Ce n'est point par des revues que le Roi

des Français obtiendra , dans l'intérieur et l'extérieur , l'influence nécessaire pour accomplir et forcer toutes les puissances dissidentes d'accomplir franchement les traités de paix et d'harmonie. Cependant il n'est que l'application de ces traités et déclarations qui puisse nous garantir des conséquences forcées de l'impuissance ou du parjure.

A la suite de la revue , la *Gazette de France* , ou plutôt de guerre civile , ne manque point de s'abandonner librement à de nouvelles provocations : après sa lecture , le dimanche 31 octobre, j'ai entendu plusieurs personnes, non loin du Palais-Royal, dire : « Il faut quitter Paris et la France : nous y serons dépouillés , massacrés. »

La *Gazette* fait clairement voir qu'elle ne craint point le Roi et sa garde nationale ; des étrangers jaloux, des Français traîtres à la patrie, dirigent secrètement cet écrit périodique , dont les rédacteurs subalternes peuvent méconnaître l'importance. La France et l'univers sont tels que les veulent faire ces jaloux et ces traîtres ; ils sont tout autres que le Roi , ses alliés sincères , ses fidèles serviteurs , ont promis de les faire : la France et l'univers sont divisés, subdivisés ; la *Gazette* , organe et provocatrice de ces divisions, justifie très bien l'estampe qui la présente la tête hérissée des serpens de la discorde ; et toujours la discorde fut mortelle pour les royalistes comme pour les patriotes. Le journal du soir intitulé : *la Révolution*, est beaucoup moins dangereux pour l'ordre, invoqué par le Roi, que ne peut l'être la *Gazette*, qui se prétend éminemment religieuse. C'est un aveu que m'arrache la vérité, à moi, adversaire de *la Révolution* jusqu'à la fin de juin 1830.

En invoquant l'autorité des pièces et des faits qui justifient mon zèle, je n'ai pas plus la prétention de diriger les conseils de Louis-Philippe, que je n'avais celle de diriger ceux de l'infortuné Charles X ; je n'ai que le désir d'accomplir mon serment de fidélité, d'obéissance à mon chef, aux lois de ma patrie ; je serais traître à mon serment de fidélité si je ne disais la vérité, si je ne la montrais telle que la constatent à mon jugement les plus graves documens historiques ; si j'avais renoncé à dire la vérité, je n'aurais pas fait de serment ; mais si je n'avais point fait de serment, je me considérerais comme n'ayant plus de patrie. Puisque les écrivains périodiques exercent une très haute magistrature sur l'opinion et les actions, comme le prouvent les événemens et les écrits, tout écrivain devrait faire serment de fidélité au chef et d'obéissance aux lois du pays, comme le font les électeurs et tous les fonctionnaires.

En citant les documens et les pièces justificatives , il convient naturellement d'en déduire les
conséquences rigoureuses, afin que l'administration mette à profit les documens et leurs conséquences. Ce qui vient d'arriver au sujet de la disette de grains dont la place de Metz était menacée, est constaté par lettres du maire, du préfet
et du ministre de l'intérieur. Si le maire a déso-
béi à son supérieur , il faut convenir que sa dé-
sobéissance est digne d'être mise en parallèle
avec celle des gouverneurs qui se refusaient aux
massacres de la Saint-Barthélemi : ce généreux
citoyen affecte ses biens à la garantie des approvisionnemens de sa commune, qui est une de
nos places fortes du premier ordre ; il annonce
qu'une armée prussienne est en présence. J'ai
prouvé , sous Charles X, que , pour garantir mes
compatriotes et mon chef des misères qui menacent d'accabler les uns et qui exposaient l'autre
au danger d'être tué ou chassé, j'offrais de grands
sacrifices de fortune : j'en puis offrir les pièces
justificatives. Je suis encore disposé à suivre
l'exemple du maire honorable de Metz ; cela peut
me donner le droit de supplier le Roi des Français de mettre à profit, pour Sa Majesté même
et pour toutes les supériorités sociales, un tel
exemple. Un grave motif m'y oblige : ce sont les
émeutes qui se multiplient, comme j'avais an-

noncé qu'elles se multiplieraient pour cause de la rareté des subsistances et de la cessation des travaux utiles. Quand la majorité des gardes nationales sera réduite au désespoir, auquel les plus graves documens indiquent que l'on s'apprête à la réduire, Louis-Philippe, aujourd'hui impuissant, se trouvera en danger d'être condamné, tué ou chassé comme parjure. Je ne puis trop supplier Sa Majesté de donner une grande attention à l'approvisionnement de la France.

1er. *Novembre.* —Une lettre que je reçois m'offre un grave document au sujet du signal de guerre civile donné à Issoudun : il porte que des personnes fort riches se trouvent compromises ; que six mille hommes de gardes nationales étaient ébranlés ; que les révoltés avaient nommé pour maire et sous-préfet deux forçats libérés : l'erreur des instigateurs est grave, fussent-ils étrangers, et, à plus forte raison, s'ils sont Français et prêtres ; comme l'établiront sans doute les procédures qui vont s'instruire contre environ trente personnes arrêtées et cent cinquante prévenues.

Cet événement déprécie ma fortune et mon crédit de cinquante mille francs, quoique mon habitation et mes exploitations soient éloignées de neuf lieues de ce théâtre de guerre civile ; ma plainte est donc relative à un préjudice person-

nel et à un préjudice public. Que les troubles se
prolongent sur tous les points de la France, et
bientôt la fortune française, au lieu de suivre le
mouvement d'ascension qui peut l'améliorer de
quarante milliards, se trouvera réduite dans la
même proportion ; du taux de deux cents, auquel je l'ai évaluée, la défiance la restreindra à
cent soixante ; dès-lors la dépréciation de toutes
les valeurs produira la stagnation de la plupart
des travaux de reproduction. Puisque le ministre
actuel de la justice a fait nommer des procureurs-
généraux et des procureurs du Roi dont la fidélité est en harmonie avec l'ordre actuel, que ces
dignes représentans de la justice suprême du Roi
établissent des rapports intimes avec tous les ecclésiastiques, depuis l'archevêque jusqu'au moindre vicaire ; qu'ils fassent sentir aux ministres de
la religion, qu'un zèle excessivement faux pourrait égarer, non le danger auquel ils exposent
une religion à laquelle leur conduite prouve qu'ils
ne croient pas, mais le danger auquel ils exposent leurs personnes. En admettant que le prê-
tre instigateur des guerres civiles s'enveloppe d'un
mystère assez impénétrable pour éviter l'action
de la justice, il lui est fort difficile que ses actions restent cachées aux yeux du peuple, qui
l'observe, et qu'il ne soit pas une victime de la
fureur du peuple même qu'il aura égaré.

Hier, deux organes notables des opinions qui ont fait la révolution du 3o juillet, les écrits périodiques intitulés : *Le Constitutionnel* et *le Commerce*, étaient en dissidence sur la pénible formation de notre ministère : l'un pensait, et je partage son avis, qu'il suffisait que nos ministres fussent bien disposés à l'application des paroles royales, qu'il citait, en faveur des libertés publiques ; l'autre écrit périodique, *le Commerce*, semblait insinuer que la formation du ministère ne devait pas résulter de l'intime conviction du Roi, de sa décision suprême. Beaucoup de personnes dans le monde inclinent vers la dernière opinion, qui me paraîtra toujours anarchique : notre gouvernement fût-il républicain, il nous faudrait encore un chef revêtu d'une grande autorité morale, si l'on veut que les personnes conservent leur liberté matérielle. Privé d'ascendant moral, l'ancien comité de salut public de Robespierre était obligé de régner à l'aide du bourreau. La feuille périodique intitulée : *La France nouvelle*, en rendant compte d'un ouvrage de M. Guéraud, juge sévèrement les écarts du clergé catholique ; mais l'écrivain périodique serait très disposé à rendre hommage à la bienfaisante direction des Vincent de Paule, des Fénélon, des Cheverus, des Daviau. Un centre d'harmonie religieuse serait donc utile pour imprimer au clergé le mou-

vement d'harmonie qui devrait lui être imprimé
par les actes solennels, les grands motifs d'union
qui émanent de la royauté.

Des incendies de meules de blé viennent d'a-
voir lieu entre Sceaux et Villeneuve-Saint-
Georges. Les secours ont été prompts ; mais les
incendies venant à se propager en France et en
Angleterre de la manière horrible dont nous le
voyons, ce fléau, dont les conséquences doivent
être justement appréciées, est une preuve irrécusable que j'étais fondé à imprimer ce que j'ai imprimé dans le premier volume du présent ouvrage, sur l'embrasement des imaginations qui
produit les incendies physiques. L'opinion produit les actions qui, à leur tour, produisent la
défiance, le malheur, la honte, ou la confiance, le
bonheur et la gloire. Tous les écrits périodiques
que je lis, tous les discours que j'entends, m'attestent que l'opinion royale perd chaque jour de son
influence sur l'opinion universelle. Dès-lors, les
actions diverses étant produites par la divergence
des opinions, nous ne pouvons manquer de tomber dans le chaos d'une sanglante anarchie. Ce
qu'il y aura de remarquable, c'est que ce sera
vraisemblablement le procès du ministre même
qui nous annonçait cette anarchie et ses sanglantes
aberrations, qui fournira la preuve éclatante et
peut-être sanglante de cette anarchie. Montrer

le danger d'une part est bien, mais il faut de l'autre montrer simultanément et avec énergie un remède proportionné à ce danger. C'est ce qu'étaient loin de faire M. Guernon de Ranville et les ministres ses collègues.

L'organisation spontanée des gardes nationales dans tout le royaume, prouve qu'en admettant même que la Cour eût triomphé le 3o juillet, ce triomphe ne pouvait être de longue durée. Le germe de la révolution était dans les intérêts, dans les cœurs, dans les esprits, dans les têtes, dans les bras ; les ordonnances du 25, en admettant qu'elles eussent pu comprimer ces germes, n'étaient point de nature, bien certainement, à les déraciner. Déraciner ces germes était cependant le grand besoin de l'époque, comme je le démontrais dans l'analyse de mon travail intitulé : *La Royauté frappée au cœur ; concours nécessaire à son triomphe*. Ce travail est donc encore, au 1er. novembre, une pièce justificative ; elle prouve que les moyens dont l'ensemble eût procuré le triomphe désirable à la France sous Charles X, le produiraient encore sous Louis-Philippe. La vérité serait la même lorsque Louis-Philippe ne serait que le simple président d'un comité de salut public ou de sûreté générale. La vérité serait encore la même s'il était dictateur militaire, monarque absolu de France.

On m'annonce que les incorrigibles du faubourg Saint-Germain, faisant allusion au défaut d'influence et de dignité du Roi et de la Reine, les nomment simplement *M.* et *Mme. Philippe.* On pourra trouver étrange que je m'arrête à un document en apparence si futile : mais que l'on se rappelle que Bonaparte, vainqueur du continent européen, se plaignait de ne pouvoir vaincre le faubourg Saint-Germain, non plus que l'Angleterre. Le bon mot de **MM.** du faubourg Saint-Germain a un degré de justesse qui, bien apprécié, pourrait être fort salutaire, non moins que les documens fournis par les écrits périodiques que nous avons cités. Si l'on néglige la pointe du faubourg aristocratique, il en résultera nécessairement que le Roi, mal informé, ou sera victime de l'anarchie des opinions et des actions, ou sera dans la nécessité, pour triompher de l'anarchie, de faire verser des flots de sang et de larmes, faute d'avoir prévenu, dès le principe, les terribles développemens de cette anarchie. Elle se trouve fomentée d'une part par l'organe du commerce, et de l'autre par la haute aristocratie, par les deux classes qui ont le plus à la redouter. Éclairer ces deux classes si éminemment intéressées à l'ordre que le Roi ne cesse d'invoquer, est très certainement le plus impérieux

des besoins ; j'ai tâché de concourir à le satisfaire.

2 *Novembre*. — La lettre du Roi, relative à
la garde nationale, justifie, ainsi que la réponse
de Sa Majesté au préfet de la Seine, les assertions énoncées dans ce xxie. tome. Forcé d'abré-
ger, je me bornerai à citer ce passage de la lettre,
ainsi conçu : « J'ai joui doublement aujourd'hui
» de voir ces superbes légions de la garde natio-
» nale, si capable d'imposer à-la-fois aux enne-
» mis extérieurs de la patrie, et à ceux qui pour-
» raient tenter, en excitant des agitations dans
» l'intérieur, d'ébranler nos libertés et nos ins-
» titutions, et de troubler l'ordre public, sur
» lequel elles doivent toujours reposer. Cette
» journée si satisfaisante pour moi, et si belle
» pour la garde nationale, est un sûr garant que,
» toujours réprimées par son esprit et par sa
» force, ces coupables tentatives, de quelque
» côté qu'elles vinssent, n'atteindraient jamais
» leur but, et qu'elles tomberaient infaillible-
» ment sur ceux qui auraient eu la malheureuse
» folie de les entreprendre. »

Si la revue de la garde nationale produit dans
l'opinion universelle l'effet qu'elle doit produire,
la confiance qu'elle doit inspirer, le cours de la
Bourse de ce jour marquera cet effet, cette con-

fiance. Sans doute il est possible au Trésor, au syndicat des receveurs - généraux, à quelques banquiers, de produire une hausse factice d'un franc pour offrir une espèce de complément à la satisfaction du Roi, relativement à la revue, et pour consoler Sa Majesté des discordances ministérielles; mais ce qu'il nous faut, ce sont des consolations permanentes, non illusoires, et qui soient véritablement des témoignages de confiance et d'harmonie. Ces témoignages se traduisent laconiquement, énergiquement, à la Bourse. L'élévation de nos trois pour cent à quatre-vingt-dix, celle de nos cinq à cent vingt, en diraient plus à l'univers qu'une revue de quatre-vingt-dix et même de cent vingt mille hommes.

Le *Moniteur* de ce jour, 2 novembre, annonce que des maisons écossaises ont pu élever le cours des trois pour cent anglais, qui tendait à baisser. Cette assertion justifie constamment ce que nous n'avons cessé de dire : une association d'utilité générale, décuplant la force de l'amortissement, devenant une garantie de confiance et d'amélioration, produirait un effet plus grand et plus durable que des combinaisons isolées. Il est donc plus urgent que jamais, au 2 novembre, de former cette association. Elle aurait l'avantage, comme nous l'avons exprimé, de combattre les ennemis intérieurs ou extérieurs, les excitateurs d'agitation, les perturbateurs de l'ordre, et de prévenir la ruine ou la mort des Français atteints de la malheureuse folie dont parle le Roi, et que j'ai décrite dès le premier tome de l'ouvrage remis à Charles X, tombé victime d'une folie analogue. Ce malheureux prince se flattait aussi d'avoir tous les moyens de maintenir la paix publique; les événemens ont prouvé qu'il était trompé. Si Louis-Philippe n'adopte des mesures analogues à celles que Charles aurait dû adopter, les assertions de Sa Majesté seront aussi vaines que les assertions de la majesté déchue. L'horrible destin d'Anvers, constaté de plus en plus par d'irrécusables documens, semble, aux yeux de l'univers, avoir des causes premières analogues à celles de l'état actuel de Paris. Si les alliances avec les maisons régnantes dans la Grande-Bretagne et les Russies, n'ont pu préserver la maison d'Orange des horribles catastrophes qu'elle est obligée de subir de la part de ses sujets, et des affreuses représailles qu'elle se croit fondée à exercer, l'impuissance ou le parjure des grandes monarchies est de nouveau attesté, et mes assertions, trop malheureusement justifiées. Je ne vois point, je l'avoue, que la maison d'Orléans ait de plus puissantes garanties que la maison de Nassau-Orange: la France et sa capitale, exténuées par leurs discordes intestines, peuvent

donner ouverture à l'attaque d'armées étrangères qui, une troisième fois réunies près des
murs de notre capitale, se gardant d'y entrer,
lui feraient subir l'affreux destin d'Anvers. Si les
grandes vérités retracées par les traités et déclarations sont plus long-temps méconnues dans la
triste humanité, nous ne pouvons voir pourquoi
les souverains héréditaires qui auraient à se venger de la souveraineté populaire dans Paris, seraient plus humains que les officiers du Roi des
Pays-Bas ne le sont envers leurs compatriotes. Il
faut donc que par l'harmonie de nos facultés,
nous, habitans de Paris, prenions enfin sur le
cours des destins du monde l'ascendant que nous
devions prendre en 1810 et en 1824, époques
où nous pouvions faire régner l'ordre et le bonheur en Espagne, et où nous n'avons laissé que
des misères, ainsi que le constatent l'état matériel et le cours des effets de ce pays.

Les feuilles publiques nous apprennent que le
1er. novembre le Roi a reçu une députation des
sourds-muets de Paris; cela serait très beau, si le
Roi avait répondu et fait justice à toutes les révélations que l'art. 103 du Code pénal prescrit d'a-
dresser à Sa Majesté sur les attentats qui se préparent contre sa couronne, sa famille, sa capitale,
son royaume; attentats dont certains ministres et
certains ambassadeurs, malgré leur extrème dexté-

rité, sont réputés complices. Le Roi, en recevant une députation dessourds-muets, et en négligeant le devoir imposé à Sa Majesté, par l'aveu même qu'elle fait dans sa lettre relative à la revue, prouve qu'il a été trompé dans les conséquences de l'état matériel de l'univers, constaté par documens authentiques. Napoléon et Charles **X** traitaient aussi de fous les anarchistes qui, cependant, les ont renversés. Au moment de perdre armée, trône et liberté, l'un s'occupait à Moscou du Théâtre-Français, l'autre, à Saint-Cloud, de la chasse, du whist et des pratiques extérieures de dévotion. J'aurais bien désiré, pour le bonheur de la France, avoir la certitude que nos juges suprêmes de ces deux époques étaient des modèles de sagesse assez forts pour désarmer l'anarchie.

Disposé que je suis à payer ma portion d'une liste civile de 20 à 30 millions, que je crois nécessaires à Louis-Philippe et à sa famille, il est naturel que j'en désire un usage convenable pour l'intérêt, le bonheur et la gloire de mon pays et de l'humanité. Je pense donc que des économies mal entendues dans la liste civile, qui ne sera probablement votée qu'après l'impression de cet ouvrage, me seraient, à moi, simple contribuable, fort onéreuses. C'est encore moins, peut-être, dans l'intérêt de la famille régnante que dans l'intérêt de ma famille privée, que je demande une liste civile proportionnelle à l'obligation où est le Roi de concourir à des améliorations, que j'ai évaluées douze cents millions en revenus et quarante milliards en capital. Les documens que me fournit aujourd'hui le *Moniteur*, au sujet de l'ouvrage de M. le comte de M***., attestent que l'administration a encore besoin de s'entourer de grandes lumières sur les secours à donner à l'indigence, sur les greniers d'abondance ou de réserve. Un autre document authentique, fourni par le *Journal des Débats*, relativement à l'administration financière du comte de Chabrol, porte à cent cinquante mille le nombre des Parisiens qui ont été secourus pendant dix mois par l'administration publique ; si l'on joint à cela le nombre des Parisiens qui étaient dans les hôpitaux, les prisons, dans les associations d'êtres parasites, qui se faisaient entretenir par les prêtres, les congrégations, la liste civile ; si l'on joint encore à ce nombre les Parisiens dont les circonstances de juillet aggraveront la position, les débiteurs faillis, les créanciers qui ne peuvent être payés, les artisans et les marchands dont l'industrie est en souffrance, dont la fortune est en péril, on verra que plus d'un quart de la population est dans un état désespéré ; joignons à ces documens ceux qu'il est facile de se

procurer sur le nombre de personnes qui se
croient intéressées au retour de l'ordre de choses
qui a précédé la révolution de juillet dernier,
on verra que la moitié des populations mérite
beaucoup plus la sollicitude que les félicitations
du Roi actuel.

Comme les documens les plus authentiques
ont toujours prouvé que c'est Paris qui imprime
les commotions, les hautes directions au reste de
la France et de l'univers, il est nécessaire de prévoir que cette force de la moitié de Paris peut
s'accroître subitement par un concours d'ennemis suscités des divers points de la France, par
les ennemis intérieurs et extérieurs dont parle le
Roi. Il faut donc que Sa Majesté ait une grande
force personnelle pour aider ses ministres, ses
officiers, dans l'obligation de maintenir l'aisance
et l'ordre au milieu de cette immense population:
non seulement un revenu de trente millions est
nécessaire au Roi, il lui faut encore un crédit
qui, évalué numériquement, ne soit point infé-
rieur au capital de ce revenu à trois pour cent,
c'est-à-dire un milliard. Si les Chambres pro-
chaines n'ont point égard à cette vérité, ce ne
sera point la royauté qui sera impuissante ou
parjure, ce seront les Chambres; et si après le
vote de la liste civile la France se refuse à la payer,
à donner au Roi un crédit proportionnel au

besoin, le reproche d'impuissance ou de parjure sera déversé sur la France elle-même par l'inexorable histoire : elle déversera le même reproche sur les puissances étrangères, dans le cas où ce seraient elles qui, par leur opposition secrète ou patente, priveraient de tous ses moyens le Roi des Français, après l'avoir reconnu.

De graves documens sont offerts par les inscriptions qui figurent sur la partie du palais de la Chambre des pairs destinée à recevoir les ex-ministres, aujourd'hui prévenus du crime de haute trahison : *Mort aux ministres ou à ceux qui les protégeront!* disent ces inscriptions; des potences sont placées à côté de plusieurs d'entre elles. Le prince de Polignac refusait des juges à ceux qui voulaient prévenir sa catastrophe et qui le payaient, ainsi qu'ils payaient Charles X, pour être écoutés. Il faut aujourd'hui que les mêmes contribuables exposent leurs fortunes et leurs vies, afin de préserver le ministre prévenu des conséquences de son refus de jugement, de son déni de justice et des représailles que le peuple veut exercer. De même qu'un prévenu, malgré de fâcheux antécédens, est réputé innocent jusqu'à ce que le tribunal compétent l'ait déclaré coupable; de même, et à plus forte raison, un Français qui a fait preuve de justesse et de prévoyance dans ses ouvrages, doit être présumé digne de jugement et de justice lorsqu'il présente, dans l'intérêt du pays, des vues d'utilité générale. Il existe des juges pour faire périr les grands coupables; il devrait en exister pour prévenir les grandes fautes, les grandes erreurs, les grands crimes. Nul doute que si les ministres prévenus, sauvés de l'échafaud par de bons écrits, revenaient au pouvoir, ils ne fussent mieux disposés, mais ils ne pourraient ressusciter les victimes. Les prédécesseurs des ministres prévenus avaient subi, dans les premières crises de la révolution, le sort dont ils sont menacés; ils n'avaient aucunement besoin de leur situation désespérée, et de celle de la dynastie, pour accueillir les vérités salutaires. Un triomphe ministériel en France, doit être pur du sang français, dont l'effusion est toujours une faute, un crime.

J'insiste sur les documens que fournissent les menaçantes inscriptions du Luxembourg, parce que le Roi et les ministres, à l'époque du jugement, sont menacés de mort s'ils sont présumés vouloir protéger la vie des prévenus. Dans cette grave circonstance, toutes les vérités qui eussent été salutaires pour Charles X et ses ministres, si rigoureusement traités, s'appliqueront, lors du jugement, au Roi et aux ministres. Ces vérités, très bien exprimées par M. Odilon-Barrot, préfet de la Seine, doivent enfin être salutaires pour nous et notre gouvernement, comme les catastrophes de Louis XVI devaient servir d'avertissement à la marche irritante, ou seulement équivoque de Charles X et du prince de Polignac. Ce que je dis est encore plus essentiel dans les grands intérêts de la patrie que dans ceux des gouvernemens actuels ou déchus. Les graves erreurs des peuples font périr des millions d'hommes. Tous les documens attestent que la cause des révolutions française et belge de 1830 ne pourrait être considérée comme supérieure au jugement de l'univers sans un très grand danger pour cette cause même. Le peuple français doit être, dès ce jour, calme et majestueux comme l'éternité. C'est d'après les règles de cette éternité que les Français, les humains, doivent enfin se juger.

La chute ministérielle de MM. Louis, Guizot, Molé, de Broglie, vient confirmer tout ce que j'ai dit de l'instabilité des fonctionnaires qui, ne pouvant se soutenir et triompher eux-mêmes, ne peuvent soutenir et faire triompher le Roi, la patrie, la dignité humaine. Puissent l'élévation de MM. Laffitte aux finances, et à la présidence du conseil ; celle de M. Montalivet à l'intérieur, de M. Mérilhou à l'instruction publique, et du maréchal Maison aux affaires étrangères, faire une heureuse exception au destin commun de leurs prédécesseurs, et devenir des preuves de stabilité.

On ne pourra que révoquer en doute cette exception désirable , tant que le Roi n'aura point l'autorité personnelle qui est nécessaire à Sa Majesté pour faire exécuter les traités et déclarations promettant repos, bonheur , et pour mettre dans les affaires générales la stabilité qui devrait y être, qui bien certainement n'y est pas.

C'est avec un grand regret que j'ai vu la feuille périodique intitulée *la Révolution*, porter le peuple à ne rien espérer de M. de Montalivet. Cependant cet honorable pair de France proclamait les vérités relatives à la souveraineté populaire à une époque et dans des lieux où il fallait un grand courage pour la proclamer. Décréditer un de nos ministres avant ses actes, c'est annuler les mêmes actes au profit des conspirateurs, des contre-révolutionnaires qu'il doit réprimer.

M. Laffitte a puissamment contribué à prévenir la ruine de Paris lors des deux invasions, et lors des meurtres du guet-à-pens du quartier St.-Denis en novembre 1827, et enfin en juillet 1830; mais la reconnaissance qui lui est due pour les services passés et pour l'acte même de son acceptation, ne peut seule mettre un terme à l'instabilité désespérante de nos affaires. M. Laffitte est dans l'obligation de faire aussi bien pour la fortune de la France et de l'humanité qu'il a fait pour la sienne propre. On peut dire même qu'aujourd'hui les trois fortunes sont unies par des nœuds indissolubles. Si M. Laffitte ne peut se soutenir et triompher aux finances, il est difficile de prévoir qui le pourra.

M. Laffitte a besoin d'un très grand crédit pour le triomphe, le soutien de son Roi, de même que ce Roi éprouve des besoins analogues pour concourir au triomphe, au maintien du ministre des finances. Plus le Roi sera bien informé des vérités salutaires, mieux il appuiera le ministre des finances, président du conseil, celui de l'intérieur et de la police, celui des affaires étrangères, ceux de la guerre, de la marine, de la justice, de l'instruction publique.

Les nouveaux documens que présente la lettre de l'ambassadeur anglais sur la peste de Russie; le courrier sur un prochain congrès; les incendies, les troubles, la détresse qui agitent la Grande-Bretagne; l'état de l'Espagne, celui de la Suisse et de Vienne même, m'autorisent encore à certifier qu'il ne suffirait point au Roi et aux ministres d'avoir un budget de quinze cents millions, mais qu'il faudrait l'employer avec beaucoup d'ordre et d'économie, supprimer toutes dépenses qui ne sont point nécessaires à l'intérêt, au bonheur, à la gloire de l'État.

Le budget d'un milliard et demi, c'est-à-dire de la deux centième partie et demie de la fortune publique, étant combiné avec l'habileté qui caractérise **M. Laffitte**, et avec les améliorations que nous pouvons facilement obtenir, peut très bien se concilier avec une diminution des impôts les plus onéreux au peuple, ainsi que je l'ai prouvé.

J'admets que le budget prochain soit réduit à la somme de huit cents millions, mais qu'il soit fait union de crédits jusqu'à concurrence de sept cents millions en bons royaux entre le Trésor et les différentes sources et branches de la prospérité publique ; le gouvernement, par cette union de crédits, recevrait pour sept cents millions d'obligations garanties par trois bonnes signatures de tous les propriétaires, négocians, manufacturiers de France. Ces obligations vaudraient dans les coffres mieux que sept cents millions d'écus. En effet, comme nous avons prouvé qu'il ne serait point impossible que les étrangers jaloux, et les partisans du gouvernement déchu, eussent certaines facilités pour exciter un grand pillage dans Paris, sept cents millions de numéraire existant dans les caisses de l'État deviendraient pour le pillage un appât dont les mesures du gouvernement auraient une nouvelle peine à triompher, tandis que sept cents millions de valeurs souscrites par les hautes solvabilités, seraient à l'abri des rapacités intérieures ou extérieures. Si le gouver-

nement était obligé de quitter Paris (et la mesure
proposée serait une garantie contre cette nécessité), le transport des valeurs serait beaucoup
plus facile, plus assuré, que celui du numéraire.
Dans un moment de crise qu'il est raisonnable de
prévoir pour le prévenir, les obligations des principaux contribuables seraient préférables aux
bons royaux mêmes, parce que la solvabilité de
ces contribuables est de beaucoup supérieure à
celle de toutes les formes de gouvernement.

En dernière analyse, la mesure proposée ne
ferait rien autre chose que de marquer la confiance que le peuple français a en lui-même,
jusqu'à concurrence de sept cents millions. Sans
doute le désastre occasionné dans Paris par les
suites des ordonnances du 25 juillet, était de nature à diminuer la solvabilité de la capitale et de
la France ; mais il y a loin des pertes subies dans
cette dernière époque, à celles que nous avaient
fait subir les deux invasions. Joignez à cette circonstance favorable celle qui résulte de la préfé-
rence méritée par le crédit des améliorations sur
le crédit des subsides nécessités par les plus grandes catastrophes qu'un État puisse éprouver.

Ce que j'ai dit relativement au Trésor numérique de l'Etat s'applique aux métaux stagnans à
la Banque de France depuis tant d'années. Les
deux invasions mêmes n'ont pas donné lieuà l'ex-

traction de la plus grande partie des métaux enfouis ; le besoin des améliorations ne le pourrait
non plus : et cependant il serait de l'intérêt de la
Banque de France, comme de l'ordre public, de
ne pas conserver enfouis plus de cent millions,
somme encore supérieure à celle qui pût ou pourrait être nécessaire, même dans les crises les plus
terribles. Sans doute la Banque n'a point la prétention de conserver sa fortune métallique inaltérable au milieu des circonstances qui, par suite
de la détresse du peuple français, rendraient
possibles la ruine de notre capitale, le démembrement de notre patrie, la mort ou l'expulsion
de notre Roi, le massacre d'un grand nombre de
nos contemporains. Il y a donc identité entre la
fortune de la Banque, celle du Trésor public de
France, et la fortune générale de cette même
France. Prétendre les séparer, ce serait les condamner à une ruine commune.

M. Laffitte, nouveau ministre des finances,
président du conseil, a donné trop de preuves de
lumières, de patriotisme, de générosité, pour
que l'on puisse croire qu'il se refuse aux salutaires
applications des vérités qui se fondent sur les documens, les pièces justificatives, émanés de
M. Laffitte lui-même.

Une nouvelle considération vient militer en
faveur de la mesure proposée, c'est que le bon

du Trésor public, l'obligation des principaux contribuables, constituent un mode d'encaissement bien préférable à l'or et l'argent, ou à l'effet au porteur. Qu'un incendie vienne à dévorer la maison du capitaliste, tous les billets de banque sont perdus sans retour, les métaux sont fort aventurés. Il n'en serait point ainsi des bons du Trésor, des obligations des principaux contribuables pour lesquelles, avec la plus simple note, le détenteur qui en serait privé par une circonstance indépendante de sa volonté, peut mettre opposition au paiement. Beaucoup de banquiers sont obligés d'avoir habituellement au moins un ou plusieurs millions en caisse, soit en argent, soit en billets de banque ; c'est à trois pour cent par an, 30,000 fr. de perte par million. Ainsi, le bon du Trésor, les obligations des principaux contribuables sont de très puissans moyens d'attirer le numéraire métallique dans la circulation, de le suppléer dans le cas où des achats de grains, d'importantes affaires extérieures rendraient l'exportation utile. M. Laffitte, Louis-Philippe, ont fait preuve de trop de jugement pour ne point se pénétrer de ces vérités, si les conspirateurs qui les environnent en permettent le libre accès ; on sera justifié dans le doute tant que le Roi n'aura point un conseil privé et un bureau de renseignemens en permanence, et tant que M. Laffitte n'aura point réorganisé un ministère des finances qui a fait ou laisse tomber avec une si effroyable rapidité tous ses chefs spéciaux et tous nos chefs suprêmes au milieu de grandes malédictions.

Un grave document est fourni en ce jour par le nombre excessif des protêts que les huissiers sont chargés de faire, et par le grand nombre de Parisiens que le Tribunal de commerce déclare en faillite. On a négligé de convertir en monnaie les métaux provenus d'Alger, sous le prétexte que l'on voulait des pièces à l'effigie du Roi actuel, sans considérer que d'un jour à l'autre ce Roi peut être renversé par un peuple réduit à l'impossibilité d'acquitter ses obligations. Que les sermens du Roi soient accomplis pour l'intérêt, le bonheur et la gloire de la France et de l'humanité, peu importe que le signe dont la circulation est indispensable soit à l'effigie de Louis XVI, de la république, du consulat, de l'empereur, de Louis XVIII, de Charles X; que la monnaie soit d'or, soit d'argent ou de cuivre, peu importe. J'ai eu l'occasion de remarquer que ce dernier genre de monnaie, ces jours-ci surtout, en petites pièces de 10 centimes, était rare, ce qui indiquerait que les gens mêmes les plus pauvres, effrayés des symptômes de défiance, veulent avoir leur petite réserve numérique. Cela étant, une

grande baisse des effets publics et de toutes
les valeurs est inévitable si l'on n'y met ordre.
Les monnaies doivent fabriquer sans relâche et
rendre à la circulation tous les métaux qui sont
en leur possession, si l'on veut prévenir la révolte
générale des contribuables, l'anarchie et les plus
affreux massacres.

La déclaration de vues faite aujourd'hui même
par M. Laffitte à la Chambre des députés, est un
document précieux qui justifie tout ce que j'ai
écrit, parce qu'il est tout-à-fait conforme aux
actes solennels qui m'ont servi de règle. Mais
cette grande justification est encore moins précise
que ne l'est celle qui résulte de la baisse énorme
produite à notre Bourse le jour même où une
hausse progressive devait constater les bons effets
que pouvaient avoir la revue de la garde nationale, la nomination des nouveaux ministres et
l'ouverture des Chambres. Très certainement il
y a eu un coup fort habilement monté pour opérer cette grande baisse ; j'ignore si le nouveau
ministre des finances a prévu ce coup ; mais je
suis certain qu'il sera funeste, et qu'il était aussi
facile que nécessaire de le prévenir. J'en trouve le
moyen dans l'application même des vérités que
vient de retracer le ministre-président. Je ne
dois pas omettre ici une circonstance grave en
réalité, quoique légère en apparence. La préten-

duc dévote, et très réellement maligne *Gazette*, cache à peine le triomphe qu'elle obtient de la baisse de nos fonds et des embarras de notre gouvernement. Elle dit que le précédent ministre des finances, baron Louis, riait beaucoup dans la Chambre...... En vérité, les rédacteurs de la *Gazette*, s'ils appartiennent aux supériorités sociales, et M. le baron Louis qui leur appartiendra toujours, doivent être conjurés de réfléchir profondément sur notre situation. Cette baisse, ces embarras au milieu desquels ils montrent de la joie, si l'on n'y met ordre avant la fin de 1830, auront réduit au désespoir le peuple, qui tuera ou chassera les rédacteurs de la *Gazette* et le baron Louis. Si l'oubli des éternelles vérités sur lesquelles seules repose toute espèce d'ordre social, égare des personnes aussi éclairées que doivent l'être les rédacteurs d'une feuille périodique destinée à la haute société, et un ministre, ancien membre de parlement, ancien agent de la restauration, qui donc ne sera point égaré? Est-ce le pauvre manœuvre, est-ce le pauvre artisan, est-ce le pauvre soldat, est-ce le pauvre contribuable, sont-ce les quatre-vingt-dix-neuf centièmes des humains qui n'ont point des millions à conserver comme MM. de Genoude et Louis?

Un excellent colonel qui s'est montré sujet fidèle et bon Français avant, pendant et après la chute de Charles **X**, me disait, dans une visite qu'il m'a faite hier matin, qu'il se réjouissait d'avoir vendu ses rentes trois pour cent ; qu'il gagnerait beaucoup s'il rachetait ; qu'il gagnerait encore plus en gardant son argent jusqu'à la fin de décembre. Ce colonel ajoutait qu'il ne voulait point acheter de propriété parce qu'on lui faisait entrevoir la perspective des lois agraires ; qu'il était mécontent de demeurer près du Luxembourg, lieu destiné à de grandes commotions lors du procès des ministres ; que ses antécédens, l'état de l'Angleterre où il avait des parens, celui même de l'univers, lui donnaient les plus cruelles inquiétudes pour lui et son fils ; que sa belle-mère était dans un désespoir plus grand encore. La famille du colonel lit tous les soirs la *Gazette.*

Une baronne du saint Empire, demeurant non loin de la Bourse, vient de me dire : « Si les uns appellent le Roi et la Reine monsieur et madame Philippe, d'autres nomment le Roi actuel G...... Ier. ; d'autres, le Roi des *gougeats.* » Cependant toute la fortune, toute l'existence de cette baronne du saint Empire dépendent des améliorations que le Roi et M. Laffitte peuvent opérer : il s'agit, pour la baronne du saint Empire romain, d'être en état de faillite, ou d'avoir quatre à cinq cent mille francs, par suite des spéculations qu'elle a faites sur des maisons et des terrains dans Paris. Un Anglais fort judicieux, qui était présent, partageait mes opinions sur le crédit et le bonheur réciproques des États ; mais la baronne du saint Empire, entichée de la *Gazette*, qu'elle tenait à la main, s'obstinait à fermer les yeux sur la ruine universelle des supériorités, qui doit être la conséquence de l'impulsion donnée par cette gazette. Je ne puis donc encore trop recommander à la justice un examen, un jugement approfondi des rapports de la *Gazette* avec les sourdes manœuvres de l'étranger jaloux ; la justice ne pourra manquer d'obtenir de graves documens et des pièces justificatives propres à reconnaître les agitateurs que le Roi a déclaré vouloir démasquer, et qui viennent de faire d'immenses bénéfices, à la Bourse de Paris, en travaillant au discrédit, à la ruine de l'État.

Grand nombre de personnes opulentes quittent la capitale ; celles qui restent se privent des jouissances habituelles de la richesse, pour entasser écus sur écus ; on ne voit presque plus de voitures de maîtres, et les loueurs de voitures de remise tiennent leurs chevaux à perte. Tous ceux que le luxe fait vivre dans cette immense capitale, sont menacés de la plus affreuse détresse, et se joindront au peuple, qui nous menace d'un affreux désespoir. Il n'est personne qui ne connaisse un grand nombre de faits analogues à ceux que je pourrais encore citer : tous ces faits prouvent qu'il est urgent, pour le Roi et M. Laffitte, de rappeler la confiance.

C'est à la Bourse de Paris que doit être la première victoire fructueuse pour les serviteurs fidèles, pour les amis sincères, éclairés, du peuple, de l'humanité, de la vraie religion. Le Roi et le ministre ne peuvent trop se hâter de réunir en association d'utilité générale et de crédit public, toutes les personnes intéressées à prévenir les effets redoutables de la détresse d'un peuple réduit au désespoir. Il est facile de montrer à MM. les régens de la Banque de France qu'ils n'ont pas le moindre risque à courir; qu'ils ont des avantages immenses à obtenir, en participant au mouvement de hausse progressive et constante, qui doit être le thermomètre de la confiance méritée par le gouvernement. Les honorables membres de l'association pourraient s'élever au nombre de cent cinquante, et former un capital effectif de soixante-douze millions; une masse de crédit égale à sept cent vingt millions, leurs effets à trois mois, offriraient à la Banque de France d'excellens papiers à escompter; les régens de cette Banque, les receveurs-généraux, s'ils sont fidèles à leurs sermens, à leurs véritables intérêts, doivent participer à l'opération destinée à empêcher que nos trois pour cent ne tombent au-dessous de cinquante, et nos cinq, au-dessous de quatre-vingt. La même opération élevant nos trois à quatre-vingt-dix, nos cinq à cent vingt, peut prélever, sous deux mois, trois cents millions sur les bénéfices qu'ont faits les spéculateurs à la baisse, les fauteurs de trouble et les mauvais railleurs : son ascendant peut triompher en huit jours de tous les obstacles.

L'association indiquée a beaucoup de rapports avec celle que M. Laffitte avait proposée, il y a peu d'années, pour vivifier le commerce et l'industrie, et qui fut rejetée par le gouvernement égaré, au grand préjudice de la branche aîné des Bourbons.

L'association spéciale que proposait alors le ministre actuel, donnerait un puissant appui à celle que je soumets; elle en recevrait en retour des moyens de triomphe analogues. J'ai eu, à ce sujet, quelques conférences avec M. Laffitte; je supplie Son Excellence d'en conserver le souvenir; je vis dès-lors l'incohérence qui existait entre les vues de M. Laffitte et celles de Charles **X**; incohérence qui devait produire contre l'un ou l'autre de ces grands Français, la mort ou l'expulsion; en effet, si Charles **X** eût triomphé à la fin de juillet, M. Laffitte n'agirait plus en homme libre sur le sol français; si l'ordre actuel croule, la maison Laffitte doit crouler avec lui.

CONCLUSION DE CE XXIᵉ. TOME.

Paris est en danger d'être ruiné, pillé, incendié, détruit, parce que cette immense capitale renferme aujourd'hui dans son sein, ainsi qu'en renfermèrent jadis de grandes villes dont la puissance est détruite, des germes mortels de discorde et d'anarchie : cette discorde, cette anarchie, décréditent le gouvernement, désespèrent le peuple, brisent tous liens de fidélité, tous moyens d'accomplir les sermens, tous moyens d'unir les facultés, les crédits ; par conséquent ils brisent tous moyens de conservation.

La France est en danger d'être démembrée, parce que tout royaume divisé doit périr, ainsi que je l'ai prouvé sous Charles X et sous Napoléon, et parce que nous encore avons assez de richesses et de forces pour inspirer de sourdes envies, de sourdes craintes, aux puissances héréditaires, attentives aux conséquences de la souveraineté populaire, que nous avons proclamée.

Louis-Philippe Iᵉʳ., Roi des Français, se trouve en danger d'être tué ou chassé, comme l'ont été, depuis quarante ans, tous nos chefs suprêmes, sans exception, parce que la puissance de Sa Majesté n'est point organisée mieux que ne l'ont été les puissances déchues, et comme elle devrait l'être pour faire exception au destin commun.

Un grand nombre d'hommes sont en danger d'être massacrés, parce que les traités et déclarations qui devaient garantir leurs vies, sont manifestement violés, ainsi que l'atteste, sans cesse, la lettre de ces traités et déclarations qui promettaient aux hommes repos et bonheur, et qui sont en opposition avec l'état matériel de l'univers, dans lequel les hommes, en général, privés de repos et de bonheur, sont disposés encore à s'entre-déchirer.

Les moyens de prévenir ces dangers consistent dans une association d'utilité générale agissant simultanément aux Bourses des grandes places civilisées afin d'y rétablir le crédit et la confiance, et d'y procurer au gouvernement des bénéfices soudains, qui soient des garanties contre le désespoir des peuples et la révolte des contribuables.

Le second moyen urgent est l'établissement d'un conseil-général d'amélioration et d'un bureau de renseignemens, en permanence jour et nuit, afin de préserver, avec toute la célérité requise, Sa Majesté des conséquences rigoureuses de l'impuissance ou du parjure, de la mort ou de l'expulsion, qu'ont subies, depuis quarante ans, tous les chefs prédécesseurs de Sa Majesté.

Ces deux moyens sont les plus urgens ; ils se coordonnent avec tous ceux que j'ai proposés dans le présent volume, dans tout le cours de l'ouvrage, et même au temps de Napoléon.

Cette conclusion est justifiée par la déclaration que le ministre des finances, président du conseil, M. Laffitte, vient de faire dans la séance du 3 novembre, et qui a obtenu les suffrages du plus grand nombre des députés : « En présence d'évé-
» nemens graves, les meilleurs citoyens, les plus
» habiles se défiaient de leurs forces ; je ne me
» défiais pas moins des miennes, mais il fallait
» des ministres au Roi et à la France, et je me
» suis dévoué, avec mes collègues, à des néces-
» sités impérieuses. Le but du gouvernement re-
» présentatif est d'essayer tous les noms, toutes
» les facultés, toutes les popularités ; de les em-
» ployer, de les sacrifier même au service du
» pays. Il faut que chacun subisse à son tour
» cette redoutable épreuve : les circonstances
» et non le mérite en mesurent la durée ; les
» circonstances ont été et seront difficiles pour
» tous : chacun doit à la France et au Roi, de se
» mesurer avec elles.

» Dans cette carrière nouvelle, Messieurs,
» j'aurai encore à réclamer votre indulgence,
» votre appui : permettez-moi de les invoquer et
» de les espérer. Consolider l'ordre, sans lequel

» il n'y a point de liberté; compléter, perfec-
» tionner et surtout faire respecter les lois ;
» conserver la bonne intelligence de la France
» avec l'Europe, et prévenir tout ce qui pourrait
» la troubler : tels sont le devoir et le vœu de
» ceux auxquels le Roi a confié l'administration
» du royaume. Heureux ceux qui auront contri-
» bué, même pour une faible part, à une œuvre
» si noble, si belle et si bonne. »

FIN DU XXIe TOME.